International Polotics

湖北文理学院马克思主义理论重点学科研究成果

国际政治理论研究

饶银华　王奎　著

WUHAN UNIVERSITY PRESS
武汉大学出版社

图书在版编目(CIP)数据

国际政治理论研究/饶银华,王奎著.—武汉:武汉大学出版社,
2018.12

ISBN 978-7-307-11655-9

Ⅰ.国… Ⅱ.①饶… ②王… Ⅲ.国际政治—政治理论—研究
Ⅳ.D5

中国版本图书馆 CIP 数据核字(2018)第 298069 号

责任编辑:田红恩   责任校对:汪欣怡   版式设计:马 佳

出版发行: **武汉大学出版社**   (430072   武昌   珞珈山)

(电子邮箱:cbs22@whu.edu.cn   网址:www.wdp.com.cn)

印刷:北京虎彩文化传播有限公司

开本:720×1000   1/16   印张:10.5   字数:188 千字   插页:1

版次:2018 年 12 月第 1 版   2018 年 12 月第 1 次印刷

ISBN 978-7-307-11655-9   定价:36.00 元

目　　录

下篇　国际政治理论的中国贡献

上篇 国际政治理论总论

　　国际政治理论是社会生产方式发展到一定阶段的产物,并随着国际形势的发展而不断丰富,其主要内容包括马克思主义国际政治理论、西方国际政治理论和发展中国家国际政治理论等。在国际政治理论的研究方法上,我们应坚持以马克思主义为指导,学习和借鉴其他国际政治学派的方法论,并坚信国际政治学理论的研究方法将会进一步多样化和系统化。

第一章　国际政治理论的形成和发展

国际政治理论并不是从来就有的，而是社会生产方式发展到一定阶段的产物。国际政治学者普遍认为，国际政治理论形成于第一次世界大战初期，在第一次世界大战至第二次世界大战之间得到一定程度的发展，在第二次世界大战结束后经过几个阶段的迅速发展而不断完整和系统化，并在冷战结束以后得到了更深入的发展。

第一节　国际政治理论的形成

所谓国际政治理论，就是世界各国经济、政治、军事、文化和外交等方面进行交往实践经验的概括和抽象。国际政治学作为一门新兴的社会科学学科，并不是从来就有的，而是社会生产方式发展到一定历史阶段的产物，特别是随着资本主义社会制度的确立而逐渐形成和发展起来的。

在资本主义生产方式产生以前，由于生产力的不发达、交通工具和信息传递手段等的限制，世界各国以及各地区基本上处于封建割据和闭关自守状态，就是偶尔有来往，也是非常零碎和不系统的。例如中国古代就曾经有过张骞出使西域、郑和七次下西洋以及意大利旅行家和商人马可·波罗到达东方中国等地的历史壮举，为海上和陆上的"丝绸之路"的开辟以及对沟通东西方的经济、政治和文化等方面的交流起了很重要的历史作用。但是这些行为在当时的历史条件下，在世界范围内都不是普遍的事情，更谈不上严格意义上的现代国际关系，因而也不可能有国际政治学或国际关系学理论。

资本主义生产方式的逐步形成、确立和发展，为世界各个国家及地区的经济、政治和文化等方面的交往奠定了重要前提。资本主义为了获取原料产地和商品销售市场，把越来越多的亚非拉落后国家转入到资本主义殖民体系中来，从而促进了国际分工的发展和世界市场的形成，并且把世界各国从经济上联结成为一个整体，使得双方之间的联系日益紧密，相互之间的依存关系也不断加深，逐步形成了"我中有你、你中有我"的局面，从而出现了现代意义上的国

3

际交往关系，以致构成了今天我们所说的国际政治社会。

在资本主义处于自由竞争阶段，所谓国际关系既包括资本主义国家之间的关系，也包括资本主义宗主国与殖民地和半殖民地国家之间的关系，甚至还包括资本主义国家与封建及半封建专制国家之间的关系。具体说来，在这些错综复杂的相互关系中，有些关系带有自由竞争和相互争夺的性质，有些关系带有剥削与被剥削以及压迫与被压迫的性质，有些关系属于谁战胜谁以及你死我活的尖锐斗争性质等。这些关系既主要表现为经济关系，又表现为政治关系，有时甚至表现为军事关系，诸如诉诸武力、进行战争以及划分势力范围等。为了对以上关系进行比较系统的理论总结，一些著名学者著书立说阐述他们的观点，作为这个时期国际关系的理论表现，因而就产生了最初的些国际政治与国际关系学说，成为其时国际关系理论的早期表现。这些理论散见于有关国家的政治学、哲学、历史学、法学和地理学等学科中，但完整性和系统性明显不足，不能称为成熟的理论，因而自然就更不可能成为一门独立的国际政治学学科。以上有关学者关于国际政治现象的零碎分析，尽管存在这样或那样的缺点，但并不能认为它们不重要，而是为其后国际政治理论的形成和发展作出了一定的积极贡献。特别是马克思主义产生以后，实现了人类思想史上的变革，例如马克思和恩格斯在 19 世纪中后期运用辩证唯物主义和历史唯物主义观点对国际政治问题所作的分析，至今仍包含着许多科学的真理，是马克思主义理论宝库和国际政治理论中的重要精神财富。

19 世纪末 20 世纪初，资本主义发展到帝国主义阶段，垄断在世界范围内逐步取代自由竞争而占据统治地位。帝国主义国家在这一时期为了攫取高额的垄断利润，已将世界上的领土瓜分完毕，同时也使世界上的大多数国家形成为经济和政治上的联合体，并进而形成了统一的资本主义全球国际政治体系。帝国主义国家在这个时期的主要行为，就是对整个亚非拉落后国家进行垄断和统治，并且几乎渗透到了世界上的各个角落，以致所有的国家和地区，无不处在帝国主义大国的势力范围之中。国家之间关系的发展，有力地推动了国际关系理论和国际政治学说的发展。传统的"均势"理论在风靡一时之后，新的国际政治理论诸如地缘政治学、列宁的帝国主义理论以及战争与和平理论等，于19 世纪末 20 世纪初均得到了相当大的发展，并在第一次世界大战结束之后不久，相对独立的国际政治学科开始产生。

国际政治学界比较一致的看法是，第一次世界大战结束以后，国际关系或国际政治理论的教学与研究是从西方国家迅速发展起来的，并开始成为一门新兴的独立学科，逐渐形成了一定数量的较为专门和系统的国际政治教科书和理论著作。国际政治学科及理论的形成，与第一次世界大战的爆发是有着直接关系的，是帝国主义之间为瓜分世界领土和争夺势力范围而发动世界大战的产物。

第一次世界大战是帝国主义之间为重新瓜分世界领土和争夺世界霸权而爆发的一场全球性战争，参战国先后有五大洲的30多个国家，6500万士兵投入战争，整个战争历时四年，1000多万人丧生，2000多万人受伤，仅交战双方军费总额就高达达2700多亿美元。第一次世界大战的结果，不仅给世界各交战国造成了巨大的人员伤亡和财产损失，而且极大地冲击了近代以来所形成的长期以欧洲为中心的世界格局。与此同时，列宁所创立的布尔什维克党领导俄国十月社会主义革命取得了胜利，在世界上建立了第一个社会主义国家，从而在资本主义所统治的世界殖民体系中打开了一个缺口。以上所发生的一系列事件，都对当时的国际社会发展起了重要的推动作用，并且对各国的政治家和思想理论界产生了重大影响，引起了人们的深刻反思：世界今后应该向何处去？怎样才能避免人类再遭受世界大战的浩劫？采取什么措施才能够维护世界的和平与稳定？正是在这样的历史背景下，国际关系学或国际政治理论才逐步形成和发展起来。

第二节　国际政治理论的发展

第一次世界大战结束以后，国际关系学或国际政治理论开始起步，有关国家或学者先后成立了专门的研究机构或著书立说，例如美国成立了卡耐基宗教与国际事务委员会，并于1900年和1916年公开出版了学者保罗·莱因奇所著的《在东方形势影响下19世纪末的世界政治》和格兰特所著的《国际关系研究导论》等。虽然出现了以上研究机构和研究成果，但这一时期的国际关系或国际政治理论的研究仍然还处于萌芽时期，还未出现有影响的比较系统和完整的国际关系理论学说。

从第一次世界大战到第二次世界大战之间，国际政治学理论得到了一定程度的发展，诸如世界各种类型的研究国际问题的机构纷纷建立，各国大学以及学院中国际关系和国际政治理论的教学研究机构大量出现，国际关系课程也有了显著的增加，并且还出版了一些国际关系和国际政治理论的教科书和理论著作等。但这一时期国际政治理论发展的主阵地主要是在欧美国家，其主要表现就是以美国总统威尔逊提出的"十四点计划"为重要内容的理想主义，并且在学科体系上还不完备，是从其他学科例如政治学等学科中分离出来，更没有形

5

成一门独立的社会学学科。

第二次世界大战结束至20世纪60年代，美国在经济、政治和军事等方面的实力一跃而成为世界的霸主，并对西方国际政治理论的发展产生了广泛而深刻的影响，导致了以美国为中心的国际政治理论迅速发展起来，其重要标志是建立了国际政治学独立的学科体系。其中特别值得一提的是，美国芝加哥大学教授汉斯·摩根索于1948年发表了其著名的《国家间政治——寻求权力与和平的斗争》一书。该书是西方第一部非常完整和系统地论述国际关系理论的著作，并在世界国际政治理论界素享盛誉，已经成为美国使用最广和影响最大的教科书之一。

摩根索在书中指出，权力在国际政治中是国家利益的中心内容，国际政治的最终目标不论是什么，但权力总是其最直接的目标，并且争取权力的斗争在时间和空间上都是普遍存在的，是不可否认的经验事实。他认为，权力和国家利益的关系不仅是理论分析，而且是政治实践的基本内容。在国际政治中，最高事实是用权力表述的利益概念，各国均以自己的利益为目标开展政治活动。利益是国际关系中的永恒立场，政治行动应根据它来判断和指导。他指出，国际政治是一个无休止的权力斗争，并且在这个斗争中，各国的利益一定要从权力的角度加以确定。国际社会是不断冲突或冲突威胁的领域，其唯一的法则是弱肉强食。国家必须寻求权力，因为只有权力才能够保卫自己的国家，促进公民的福利。他还认为，在国际政治关系中，民族国家的道德原则都要经过文化和社会环境的过滤。这就导致通用的道德原则的不同运用，军事和经济力量不应用来实现分散的、普遍存在的人道主义使命，而应根据国家利益的需要来使用。

汉斯·摩根索的《国家间政治——寻求权力与和平的斗争》一书的出版，标志着西方国际关系理论体系的基本形成，摩根索本人也因此而在西方被誉为国际关系理论的奠基人。

其后美国哥伦比亚大学教授昆西·赖特于1955年出版了《国际关系理论研究》，该书也是西方国际政治学作为一个独立学科形成的又一标志性成果。该书是西方第一部全面论述国际政治学的形成、发展和内容及方法的著作。昆西·赖特认为，国际关系是指历史上任何时期的重要集团之间的关系，尤指是当今按照领土组成起来的主要民族国家间的关系。国际关系学研究的内容是多方面的，诸如国际法、外交史、军事科学、国际政治、国际组织、国际贸易、殖民政治和对外关系行为等，并且以上学科又可按照理论的、应用的或抽象的、具体的四种情况分为多个分支学科，而在研究方法上又可分为归类法和概念法等。

昆西·赖特著作的问世，标志着国际关系或国际政治理论学作为一门新兴的和交叉性的边缘学科，在社会科学领域中进一步确立了其独立的地位，因而该书也被西方理论界誉为国际关系理论的经典和研究国际关系理论的入门书等。

20世纪50年代末60年代初，科技革命在全世界范围内迅速发展，不仅极大地改变了社会的生产方式和人们的生活方式，而且渗透到了社会科学各个领域，于是在西方理论界出现了所谓"行为主义革命"，又称为"方法论革命"，统称为科学行为主义。这种流派非常强调国际政治理论的抽象化、系统化和一般化等，并广泛运用其他学科的研究成果和方法论，把系统论、控制论和博弈论等方法论引入国际政治理论研究，努力实现理论研究的现代化、数量化和科学化等。诸如美国芝加哥大学政治学教授莫顿·卡普兰于1957年创立了国际系统论，密执安大学教授戴维·辛格于1961年提出了层次分析法等。其后哈佛大学政治学教授卡尔·多伊奇于20世纪60年代后期创立了由一体化理论、博弈理论和相互依存理论等所组成的所谓"沟通理论"等，辛格和津尼斯等人接下来又创立了计量国际政治学等。科学行为主义流派出现之后，虽然在西方政治学界引起了不少的争议，但是它毕竟拓展了西方国际政治学理论研究的方法论，并进而实现了国际政治学不仅在理论研究的内容方面，而且在研究方法上实现了向多学科和边缘性新兴学科的发展。

国际政治学虽然在这一时期已经作为一门独立的学科，确立了其在人文社会科学中的地位，并得到了国际学术界大多数人的普遍认可，但这一时期的国际政治学从根本上说还是西方资产阶级的国际政治学，主要是以强权政治为其核心内容，并从实质上代表着垄断资本主义大国利益的理论，因而它就不可能揭示国际社会中各个行为主体之间相互关系的普遍规律，也不可能实现其所谓的纯科学化等目标。

20世纪70年代以后，国际格局发生了深刻的变化，美国由于深陷越南战争以及与苏联争霸等原因导致其国际地位相对衰落，社会主义国家和第三世界国家的力量不断增长壮大，国际地位和政治作用有了很大提高，世界多极化趋势已开始出现。与以上国际格局的变化相适应，国际关系学或国际政治学理论的发展也进入了一个新的发展阶段。其主要表现如下：

第一，西方国际政治学理论有了进一步的发展。例如就美国而言，"二战"以后出现的政治现实主义一直在其政治学界居于主导地位，但从70年代开始又产生了新现实主义学派，也就是在传统现实主义理论的基础之上，又逐步对国际政治问题进行更深入和广泛的研究。所谓更深入，就是学术界不仅仅要对国家行为体对外行为和对外关系的表面现象进行研究，而且还要更深入地研究国际社会的结构功能，探索国家之间相互作用的内在原因，分析国际政治关系背后所隐含的内在动因等，并以此为基础对国际政治学本身的各个分支领域的研究更加专门化和系统化。诸如在西方国际关系理论的总体框架内，对外决策理论、冲突理论、合作理论、体系理论、相互依存理论、博弈理论、世界秩序理论、威慑理论、均势理论、地缘政治理论和危机处理理论等，都有了不同程度的发展。所谓更广泛，就是与国际政治所涉及的其他学科领域的结合更加密切，研究的范围和视角进一步扩大。诸如西方国际关系理论在 70 年代以后，又相继出现了国际政治经济学、国际关系伦理学、国际关系心理学、国际关系社会学、国际关系未来学、跨国政治学和全球政治学等新的分支学科，使国际政治理论的研究领域涉及了国际社会生活的方方面面。

随着欧洲一体化的进展和国际地位的提高，与其实力以及对外交往实践相适应的国际政治理论也有了很大的发展。诸如与西欧经济政治发展直接相关联的国际一体化理论等，在西欧诸国的教学和研究机构中发展得非常迅速，并显示出了西欧国际政治理论的重要特征。除此之外，西欧国际政治学研究中的批判理论又称结构主义理论的崛起，对美国在西方国际政治学界的垄断地位提出了挑战。西欧国际政治学中的批判理论是 20 世纪 70 年代以后发展起来的，并在 80 年代后引起了国际学术界的高度关注。深受马克思主义和黑格尔政治哲学的影响，批判理论在对国际政治的分析中，力图摆脱西方传统国际政治学主要以国家为中心、以权力为基础的理论束缚，并在国际政治行为主体上强调阶级、政党和社会集团等的作用。这一理论在国际政治关系的动力问题上，强调经济的作用，并在对整个国际社会的分析上，注重生产方式对世界经济和政治秩序的相互作用，强调国家之间的关系是生产方式的表层形态。

第二，社会主义国家的国际政治学建立起来。苏联东欧国家从 20 世纪 60 年代末期以来就开始注重对国际关系理论的研究，至 70 年代末期基本上建立了自己独立的国际关系学或国际政治学理论的学科体系。苏联于 1976 年出版了苏联科学院世界经济与国际关系研究所理论部甘特曼教授主编的《现代资产阶级国际关系理论》、帕兹涅维可夫的第一本专门著作《系统方法与国际关系》。其后波兰华沙大学库库尔教授于 1978 年出版了《国际关系理论问题》，苏联莫斯科国际关系学院于 1980 年出版了《国际关系理论基本原理》，苏联于 1984 年出版了甘特曼的《现代国际关系的体系、结构和过程》。这些成就的取得，标志着苏联、东欧的国际关系或国际政治学理论逐步走向系统化。

中华人民共和国成立以后，我国的国际政治学科教学和研究起步较晚，又受到一系列政治运动诸如"文化大革命"等的严重冲击。中共十一届三中全会以来，随着党和国家的工作重点逐步转移到经济建设上来和实行改革开放政策，建立中国的国际政治学理论的任务随之也提上了学术界的议事日程。其中值得一提的是，中国学者从20世纪80年代中期以后就开始从一般地介绍和评价西方及苏联东欧的国际关系理论，逐步走上探寻和建立中国自己的独立学科体系的道路上来。

除此之外，发展中国家的国际关系理论和国际政治学科的建设也逐步发展起来，诸如拉丁美洲国家、印度、埃及以及非洲一些国家的学者，在国际政治经济关系、国际相互依存理论、世界体系理论以及国际政治的一般理论方面等，也取得了许多值得注意的成果，从而引起了国际政治学界的普遍关注。

第三节　国际政治理论的深入

20世纪80年代末90年代初，随着东欧剧变、苏联解体，以美苏为核心的冷战格局宣告结束。国际形势发生的深刻变化，给国际政治理论研究提出了一系列新的课题，迫切需要各国国际政治学者在新形势下作出科学的回答，从而推进了国际政治理论研究得到了进一步的发展。其主要表现是：

第一，西方国际政治学理论的发展。进入20世纪80年代以后，西方国际政治学理论在理论体系、分支学科的扩展和研究方法等方面均不断趋于完善。但是冷战的结束、特别是苏联的解体和两极格局的终结，使得西方发达资本主义国家不仅在世界政治经济中的主导地位上升，而且导致西方国家在社会科学理论以及国际政治学理论中的霸权态势也在增长。其中值得一提的是，西方理论界出现了一系列诸如"历史的终结"理论、"文明冲突"理论、新"地缘政治经济"理论、"民主和平"理论和"国际规范"等理论以及新自由主义国际政治学理论等一时甚嚣尘上。

第二，马克思主义国际政治理论的新进展。冷战结束以后，马克思主义国际政治学理论的发展一方面表现在中国国际政治学理论的建设取得了明显的进步，另一方面则表现为当代西方马克思主义国际政治学理论和国际政治经济学理论的发展。国际政治学理论中的批判理论在90年代的一个突出特点就是所谓的"历史唯物主义的重建"和"新范式的选择"等倾向的出现，以及国际政治经济学理论在90年代也出现了回归马克思主义的趋势。

第三，国际学术界围绕世界新秩序的重建而进行的理论探讨。冷战结束以后，如何建立新的世界秩序问题，引起了世界各国政要和学者的广泛关注。长期以来，广大发展中国家就把改革国际政治、经济旧秩序作为自己重要的国际奋斗目标，诸如中国领导人提出了在和平共处五项原则基础上建立国际政治经济新秩序的主张，以及前苏联领导人戈尔巴乔夫提出的"国际政治新思维"，强调要使国际关系人性化、人道主义化。而美国则要建立一个以美国为领导的"新的世界秩序"，日本和德国也各有自己的蓝图和主张，以及欧洲社会民主党人在其所谓的"第三条道路"学说中提出了全球化的设想等。以上诸多主张不仅要接受国际关系实践的检验，还需要在理论上作出明确的回答。

人类已经进入了 21 世纪，和平与发展仍是当今时代的主题，国家利益已超越社会制度和意识形态成为国家之间发展关系的主要因素，国际社会在冲突与合作中继续发展。但影响世界和平与发展的不安定因素仍然存在，诸如国际关系中的霸权势力有所抬头，经济交往中的不平等现象时有发生，局部战争冲突不断，信息安全问题比较突出，全球生态环境问题令人担忧等。以上问题的解决，需要国际社会紧密合作，也需要国际政治学者贡献出大智慧，这必将推动国际政治理论在新的机遇和挑战下获得更大的发展。

第二章 国际政治理论的主要内容

国际政治学理论属于政治学的范畴，是"世界性的综合学科"①，其理论渊源可以追溯到中外古代思想家的著作里，但只是在第一次世界大战后他才开始成为一门独立的社会学学科，一位学术殿堂里的新来者。马克思、恩格斯指出："一个民族要想登上科学的高峰，究竟是不能离开理论思维的"。"理论在一个国家实现的程度，总是决定于理论满足这个国家的需要程度"②。随着经济全球化的发展，以及我国加入世贸组织和其他众多国际组织，我国的对外交往进一步扩大和加深，同时我们面临的国际形势也更为复杂，因而为了更好地创造一个和平稳定的国际环境，以实现中华民族伟大复兴的中国梦，建立比较完整系统的国际政治学理论，作为我国对外政策的指导，实属必要。

在我国业已出版的各种国际政治学理论著作里，很多学者进行了艰苦努力的探索，取得了丰硕的成果，对这门学科的建立，作出了很大贡献，但完整性、系统性有待深化。有鉴如此，笔者有意对建造我国国际政治学理论作进一步探讨。

笔者认为，国际政治理论的内容是非常丰富的，其研究方法也是多种多样的。但作者认为，国际政治理论主要应包括马克思主义国际政治理论、西方国际政治理论和发展中国家国际政治理论等。在方法论上我们要以马克思主义为指导、批判和借鉴其他流派的观点和方法，并结合最新科技成果，做到研究方法的多样性和研究手段的多样化。

第一节 马克思主义国际政治理论

马克思主义国际政治理论，主要是指马克思、恩格斯和列宁所创立的国际政治理论，还有以马列主义为指导的前苏联东欧的国际政治理论，中国的国际

---

① 梁守德等著：《国际政治学概论》，北京大学出版社2000版，第1页。
② 《马克思恩格斯选集》第4卷，人民出版社1995年版，第285页。

政治理论以及其他各国工人政党的国际政治理论等。

第一，马克思、恩格斯和列宁的国际政治理论。马克思和恩格斯生活在自由资本主义时期，他们都经历了当时错综复杂的国际斗争，并且亲自参加革命实践，写下了大量的著作，其中包含着极其丰富的国际政治理论，主要表现在以下三个方面：

首先，马克思主义提供了研究国际政治的基本立场、观点和方法，即辩证唯物主义和历史唯物主义，从而奠定了国际政治学理论的哲学基础，这是"最高层次的世界观和方法论"。①

其次，马克思主义的一般原理对"研究国际政治无疑有普遍的指导意义"。② 例如经济和政治的辩证关系。经济是政治的基础，政治是经济的集中表现，并对经济具有反作用；阶级分析和历史分析相统一的观点；关于民族问题的理论和政策；正确评价人民群众和历史人物的观点和历史事实的"合力论"等。

再次，马克思主义对重大国际事件的精辟论述。他们是：国际政治是在资本主义经济基础之上产生的。资本主义对世界市场的开拓，"使一切国家的生产和消费都成为世界性的了"③，民族国家在经济上处在世界市场的范围内，在政治上处在国家体系的范围内。资本主义列强外交政策的本质是争霸和侵略战争；以生产方式为依据分析不同的时代特征；无产阶级和资产阶级是国际社会两个起决定作用的阶级，工人阶级要洞悉国际政治的秘密；分析战争的本质和性质；提出民族殖民地问题的理论；确立无产阶级国际主义基本原则；提出了新社会的国际原则将是和平；在处理国际关系时，应坚持原则的坚定性和策略的灵活性相统一等。马克思主义的这些观点和分析方法，对揭示当代世界格局和国际关系历史进程和结果是及其精辟科学的。

19世纪末20世纪初，资本主义发展到帝国主义阶段，列宁在马克思和恩格斯揭示的资本主义发展规律的基础上，非常全面而又系统地揭示了帝国主义时代的基本特征和各种矛盾以及国际社会演变和发现的规律等，从而发展了马克思主义国际政治理论。其主要表现是：遵循马克思和恩格斯以生产方式的变更为依据划分时代的方法；世界体系的理论。在帝国主义时代，各个阶级、各

---

① 俞正梁著：《当代国际关系学导论》，复旦大学出版1999年版，第11页。
② 宋新宁、陈岳著：《国际政治学概论》，中国人民大学出版社2000年版，第23页。
③ 《马克思恩格斯选集》第1卷，人民出版社1995年版，第276页。

个民族"不仅生活在单个的国家中，而且生活在一定的国家体系中"，① "资本主义已成为极少数，'先进'国对世界上绝大多数居民实行殖民压迫和金融扼杀的世界体系"②。"民族殖民地问题的理论。世界区分为压迫民族和被压迫民族"是"帝国主义时代基本的、最本质的和必然的现象"③，以及民族殖民地和无产阶级革命的关系、民族自决权选择；战争与和平的理论。主要包括战争的产生与消灭，战争性质的区分，战争与经济的关系以及无产阶级对待战争的态度等问题；无产阶级国际主义原则以及两种社会制度和平共处的观点等。

需要指出的是，我们不能够机械地背诵和套用马克思主义国际政治理论的现成结论，而是要坚持和发展马克思主义的立场、观点和方法，去研究新情况、解决新问题和得出新结论。"马克思的整个世界观不是教义，而是方法。它提供的不是现成的教条，而是进一步研究的出发点和供这种研究的方法。"④江泽民也指出："马克思主义具有与时俱进的理论品质。如果不顾历史条件和现实情况的变化，拘泥于马克思主义经典作家在特定历史条件下，针对具体情况做出的某些个别论断和具体行动纲领，我们就会因为思想脱离实际而不能顺利前进，甚至发生失误。"⑤"不断以新的思想、观点去继承、发展马克思主义，不是真正的马克思主义者。"⑥

第二，苏联东欧的国际政治理论。苏联东欧的国际政治理论研究，"可以认之为国际关系理论的马克思主义学派，或东方学派"。⑦ 这一学派的国际政治理论建设比西方起步要晚，各国的发展并不平衡，也不尽相同，以苏联的观点为主。苏联的国际政治理论研究大体可分为三个阶段：在 20 世纪 60 年代末以前为第一阶段。苏联的国际政治学者主要是研究国际政治关系史，对某些具体的国际关系问题进行研究，批判地评价西方的国际关系理论和学说，并取得了一些阶段性的成果，其代表作是 1962—1965 年集体编写的《第二次世界大战后的国际关系》、甘特曼教授主编的《现代资产阶级国际关系理论》等。但在这一时期，苏联学者从理论角度研究国际政治的很少，就是偶尔涉及理论问题，

① 《列宁全集》第 47 卷，人民出版社 1990 年版，第 523 页。

② 《列宁选集》第 2 卷，人民出版社 1995 年版，第 578~579 页。

③ 《列宁全集》第 27 卷，人民出版社 1990 年版，第 81 页。

④ 《马克思恩格斯全集》第 27 卷，人民出版社 1990 年版，第 406 页。

⑤ 江泽民：《在庆祝中国共产党成立八十周年大会上的讲话》，载《人民日报》2001 年 7 月 2 日。

⑥ 《邓小平文选》第 3 卷，人民出版社 1993 年版，第 292 页。

⑦ 张历历等编：《现代国际关系学导论》，重庆出版社 1997 年版，第 197 页。

也是很不系统的，没有试图从理论上建立自己的学科体系。从 20 世纪 60 年代末到 80 年代中期为第二阶段。苏联学者在批判地借鉴西方国际关系理论的基础上，并结合国家关系现实，出版了许多国际关系理论著作，逐步建立起了自己的理论学科体系，标志着苏联的国际政治理论研究进入一个新的阶段。这一阶段代表性的著作是 1970 年版的《列宁—国家—政治》、1974 年版的《社会学、政治、国际关系》、1980 年版的《国际关系理论基本原理》、1984 年版的《现代国际关系体系、结构和发展进程》等。从 20 世纪 80 年代中期起到苏联解体为第三阶段。随着戈尔巴乔夫《改革与新思维》的出版，苏联很多国际政治学者纷纷发表文章阐述苏联对外政策和新思想以及国际问题的分析，其国际政治理论也进入到了一个复杂的新时期。

东欧国家政治理论的研究落后于苏联，在 20 世纪 70 年代，才开始出现国际政治理论的专著，其中值得一提的是波兰华沙大学教授库库尔卡的《国际关系理论问题》、南斯拉夫学者 R. 斯托扬诺维奇的《国际关系中的武力和实力》、亚历山大·格尔利奇科夫的《社会主义处于十字路口》等，这些学者对国际政治的性质、对象、范围和研究方法进行了一定程度的探讨，特别是对社会主义国家之间的关系更是见解独到，并且形成了自己的学科体系，在国际政治领域产生了一定的影响。

在苏联东欧国际政治理论研究方法论方面，曾先后出现过三个主要的学派，它们分别是历史法学派、社会分析学派和多学科派。其中历史法学派是苏联出现最早也是最大的一个学派，该派主要是从历史学和法学的角度研究和探索国际政治的发展规律的；社会学派则强调从哲学、社会学的角度对国际政治理论进行分析和研究；多学科派主张国际政治理论进行多学科综合研究，它是苏东国际政治理论体系形成后的主要学派。进入 20 世纪 80 年代以后，以上三个学派的研究方法已逐渐融合。尽管东欧剧变、苏联解体，但在这一时期苏联学者对国际政治理论的内容和方法论进行了可贵的探索，取得了不少成果，今天仍值得我们学习、探讨和研究。

第三，中国的国际政治理论。我国的国际政治理论源远流长，在我国古代思想家的著作里，诸如《孙子兵法》《战国策》《三国志》等，就有很多零散的国际政治方面的内容；近代以来，我国的政治家和外交家对国际事务也提出了很多独到的见解；在中华人民共和国成立之前的 30 至 40 年代，以毛泽东同志为主要代表的中国共产党人，从当时实际需要的斗争实际出发，曾对国际政治的重大问题进行过分析和判断，取得了很多成果，但只是对国际斗争基本策略的研究，还不是严格意义上的国际政治理论，因其存在一些问题，如对国际形势分析多，对理论研究少；宏观分析多，微观理论少，还没有进行精确的行为科学分析；领导人的言论、零散文章多，系统著作少等。造成这种情况的原因是当时严酷的斗争环境和快速发展的革命形势，没有足够的时间和精力去进行系统的研究，再加上缺乏充分的参考资料和专业理论队伍等。中华人民共和国成立后特别是中共十一届三中全会以来，我国国际政治理论研究虽经过曲折，但仍然取得了很好成绩，其理论成果主要表现是：独立自主的和平外交政策、和平共处五项原则、三个世界划分的战略理论、和平与发展是当代世界的两大主题、处理党际关系的四项基本原则、"一国两制"理论、建立国际新秩序的原则等。中共十四届三中全会以来，以江泽民同志为核心的党的第三代中央领导集体在外交实践中发展了以上重要思想，主要表现是：从和平共处、共同发展、共同繁荣到提出双赢、主张世界文明的多样性、提倡新的安全观、阐述人权方面的重要主张、强调国际关系的民主化等。这些思想在国际上引起了广泛的重视和激烈的讨论，它们必将在国际关系中起极其重要的作用。我国的国际政治理论和西方的国际政治理论在指导思想上是截然不同的，与苏联东欧的国际政治理论相比较又有自己的特点，是中国领导人运用马克思主义的理论观点，从国际形势的具体变化和不同特点出发，紧密结合中国实际，独立地作出的理论探索和贡献。但需要进一步指出的是，我国的国际政治理论主要集中在领导人的言论和著作里，一般的国际政治学者也是在报纸、杂志上发表文章，或出版书籍阐述自己的观点和见解，但总的来说，影响不大，与西方国际政治流派相比还有一定的差距，对苏联国际政治理论而言也存在着不足。在西方发达国家以及苏联和东欧，既有国家领导人的国际政治理论，也有其他影响很大的不同学术流派，并且两者相互影响、相互补充，共同服务于他们的对外政策，这一点值得我们学习和借鉴，也是我国国际政治建设努力的方向之一。

第四，其他各国工人政党的国际政治理论。其他各国工人政党在此是指以马克思主义为指导、以实现社会主义为目标的现有社会主义国家的执政党、原苏东地区的共产党及共产党左翼、西方发达国家的共产党、发展中国家的共产党等。尽管这些工人政党所处的具体情况不同，理论纲领各异，但在对过去进行反思的基础上，大多强调把马克思主义与他们本国的实际相结合，强调创造性地发展马克思主义，仍然坚持社会主义方向和共产主义思想，但强调要发展社会主义，避免重蹈传统意义上的社会主义道路。在对外关系上，这些工人政党大多强调独立自主性，以平等原则处理国与国、政党与政党之间的关系，主张实现真正裁军，以促进世界缓和与和平共处，并在国际格局、国际组织、经济全球化、人类面临的共同问题以及建立国际新秩序等方面也有所创新。有鉴于此，他们的这些理论观点也应该引起我们的重视，尽管有些观点还需要进一步探讨和完善。

第二节　西方国际政治理论

西方国际政治理论作为一门独立的学科开始于 20 世纪 20 年代，迄今为止已有将近 80 年的历史，其间各种流派和学说几经变化，但就其基本理论观点而言，主要有如下学派：

第一，理想主义学派。它盛行于 20 世纪 20—30 年代，其理论渊源可以追溯至西方近代思想家格劳秀斯、孟德斯鸠、狄得罗等。它的主要代表人物是英国的思想家弗朗西斯·布雷德利、哲学家伯纳特·博赞克特和美国总统伍德维·威尔逊等。威尔逊的《论国家》是理想主义的代表作，它的"十四点计划"被称为理想主义学派的政治纲领。理想主义学派的主要观点是：主张人性善的学说，认为人类是一个真正的合作的生存物，人性是信仰献身的目标，道义责任的指南；崇尚国家和世界的民主化和法制化，利用法律和司法程序解决一切国际冲突；强调建立超越国家的国际普遍安全机构世界政府，加强各国之间的合作，使人类避免世界大战重演，建立世界持久和平等。理想主义学派适应了当时国际形势的要求，对国际政治理论学科的建设起了很大的推动作用。但理想主义学派缺乏客观现实基础，在它的倡议下建立的国际联盟无力阻止法西斯国家到处侵略扩张，第二次世界大战爆发以后，理想主义学派在理论上和实践上宣告了破产。

第二，现实主义学派。它盛行于 20 世纪 40—50 年代，其理论渊源可追溯至西方古代、近代思想家修昔底德、马基雅弗利和霍布斯等。它的主要代表人物是美国芝加哥大学教授汉斯·摩根索及其名著《国家间政治——寻求权利与和平的斗争》，其他如雷蒙·阿隆、乔治·凯南、昆西·赖特、斯坦利·霍夫曼、亨利·基辛格等人也是这一学派的代表人物。现实主义学派的主要观点是：主张人性恶的学说，人类的自然状态(无政府状态)是相互竞争和残杀，罪孽和贪欲作为人的本性是不可能从根本上改变的；国家行为主要以权利和国家利益为行为原因，国际政治像一切政治一样，是追逐权力的斗争。无论国际政治的终极目标是什么，权力总是它的直接目标。国际伦理道德、国际法与权力和利益相比是微不足道的，国际政治只用能力和实力来说话，道义原则仅仅是反映的用以适应不同局势的国家的不同政策罢了，特别重视权力均衡，主张通过权力均势来维护大国的利益等。现实主义学派解释了国际社会的客观现状，对国际政治学的发展作出了重大贡献，但现实主义学派所追求的控制和支配他人的权利是一种地地道道的强权政治。

第三，行为主义学派。它盛行于 20 世纪 60 年代，其主要代表人物是美国的卡尔·多伊奇、莫顿·卡普兰和戴维辛格等人。这一学派的主要代表作有《国际关系分析》《国际政治的系统和过程》《计量国际政治学》等。该派主要理论观点是：政治学最终可能成为对政治现象加以解释和预测的科学，国际政治学可进行定量分析。对国际政治应进行跨学科的研究等。行为主义学派扩大了国际政治理论研究的内容和方法论，推进了社会科学与自然科学的相互渗透，并提出了一系列新概念，拓宽了国际政治理论研究领域。但行为主义学派过分强调方法论，忽视了社会科学的特点，特别是企图完全排除价值观念和传统概念，更是不现实的。

第四，后行为主义学派。后行为主义学派，又称新现实主义学派，它盛行于 20 世纪 70 年代和 80 年代，其主要代表人物是美国的罗伯特·基欧汉、约瑟夫·奈和斯佩罗等人。这一学派的主要代表作有《权力与相互依赖》《国际经济关系的政治学》等。该学派的理论观点是：注重从国际社会相互依存关系中，进行全球系统研究和实际政治问题的研究；认为国际政治中除冲突和对抗外，还存在着协调、沟通与合作；在非国家行为主体和跨国行为者的作用不断加强的趋势下，提出了世界政治、跨国政治、全球政治等问题；注重经济问题对政治问题的作用，提出了国际政治经济学、国际关系伦理学、合作理论、国际机制论等一系列新的研究领域和学科。后行为主义学派对早期行为主义学派的理论进行了较大的改造，继承和借鉴了早期行为主义学派的主要研究方法、原则和绝大多数概念框架，尽管其尚不够完善和系统，如将建立于主观唯心主义哲学基础上的现象学派作为自己的理论基础等，但应当肯定其对国际政治理论的繁荣和发展所起的历史作用。

20 世纪 80 年代以来，特别是随着当前新自由主义、新制度主义和建构主义等的流行，西方国际政治理论呈现出多种流派并存的局面，使国际政治理论出现了空前的繁荣。西方国际政治理论深受资产阶级自由、民主和人权思想影响，是西方处理国际关系的指导原则，其实只是维护垄断资本主义国家权益的思想武器。其理论中的很多观点，是我们不能苟同的，但它们各有侧重，并且不断翻新，在阐述国际社会发展规律上曾起过一定的积极作用，特别是在方法论上进行了创新，除了传统的研究方法、科学行为主义的方法，以及后行为主义的研究方法之外，当前在西方比较流行的有诸如国际政治系统论、国际政治通论、博弈论、国际合作机制论、公共选择模式、比较政治经济方法等多种方法论交叉并存，并且西方比较早地把经济学科和自然科学的方法引入国际政治理论研究，使其成为一门把绝大多数社会科学，并适当包括自然和物理学科在内的理论观点和方法，兼收并蓄的独立学科和边缘学科。有鉴于此，我们既不能简单地肯定，也不能全盘否定，而要对其进行一番改造，吸收其有用的科学的方法，抛弃其无用的错误的方法等。

第三节　发展中国家国际政治理论

第二次世界大战结束以后，民族解放作用风起云涌。至 20 世纪 60 年代以来，一大批亚非拉国家纷纷摆脱了帝国主义的殖民统治，这些国家的领导人和学者在国际关系实践中，提出了一些有影响的思想和主张，但并没有引起国际社会的重视，其中主要有：

第一，中立主义。"二战"结束至 20 世纪 60 年代随着资本主义阵营和社会主义阵营的建立，东西方冷战开始。一些发展中国家为了发展民族经济，迫切需要一个相对稳定的国际环境，他们在国际政治中反殖反霸，反对集团结盟，奉行中立主义，以争取在国际关系领域有较大的回旋余地，其中以印度总理尼赫鲁的中立主义为代表。其主要内容是，印度坚持独立自主的外交政策，同美苏都保持友好的关系，不参加东西方冷战，不加入军事集团；坚决反对帝国主义、殖民主义的侵略和战争政策。中立主义不应作狭义的理解，它应包含这些国家，他们的政治观点不明确甚至互有冲突、迫于外部压力而结盟，或者是让外国建立军事基地、不顾与殖民宗主国断绝关系而又寻求中立、应考虑某些拉美和欧洲国家的特殊情形等。尼赫鲁的中立主义理论不受国际条约或国际法的限制，在印度对外关系实践中表现为一种灵活的政策思想，其内容随着国际形势的变化而决定取舍，甚至加以抛弃。它曾经对 20 世纪 60 年代兴起的不结盟运动起过一定的促进作用，事实证明，印度的中立主义带有深重的实用主义色彩。

第二，发展主义理论。"二战"结束以后，发展问题是发展中国家独立后所面临的最艰难最紧迫的问题，一些发展中国家的领导人和学者积极探讨发展中国家的发展途径问题，发展主义理论由此而产生，其创始人和理论代表是阿根廷经济学家劳尔·普雷维什。发展主义理论开始于 20 世纪 40 年代末，以后随着国际形势的发展不断进行修正和补充。普雷维什在《拉丁美洲的经济发展及其主要问题》一书中提出了"中心—外围"理论，它是发展主义的理论基础。该理论认为，在世界经济体系中，资本主义发达国家是"中心"，周围的一大片发展中国家为"外围"，"中心"支配和制约着"外围"，而"外围"处于从属地位，对"中心"起辅助作用。这种不合理的结构是造成广大发展中国家贫困的根源。要改变这种不合理的状况，发展中国家应实行进口替代工业化战略、利用和限制外资、建立国际经济新秩序和促进南南合作等。发展主义理论对发展中国家，尤其是拉美国家经济的发展产生过重要影响，但随着经济全球化的发展和普雷维什的去世，发展主义理论开始走向沉寂状态。

第三，依附理论。依附理论产生于 20 世纪 60 年代中期，兴盛于 70 年代，是在对发展主义理论进行反省的基础上产生的。其代表人物是埃及经济学家萨米尔·阿明、社会学家费尔南多·恩里克·卡多佐等。该理论从现存的不合理的国际经济秩序出发，分析发展中国家贫困的原因。该理论把西方发达国家称作"中心"，把发展中国家称作"外围"，认为中心和外围存在不平等的交换关系，中心的发展造成了外围的不发展，并使外围依附于中心。发展中国家要消灭贫困，必须摆脱对发达国家的依附关系，进行社会主义革命，建立独立自主、自力更生的"自主经济"等。该理论对探索发展中国家经济社会的发展产生了重大影响，受到了国际社会一定程度的关注。但也有批评者认为，该理论没有准确说明发达资本主义国家与发展中国家的关系，没有消除发展中国家消灭剥削、摆脱依附的道路等。除以上提到的几种理论之外，还有诸如探索发展中国家发展的"二元结构"理论、可持续发展理论等，也有很大影响。

综上所述，任何现存的、占据一定地盘的理论都有不可代替的趋势和历史必然性，任何思潮和流派也都有一些无法逃脱的短处和思想局限性。有鉴于此，我们要以马克思主义的世界观和方法论为指导，批判地借鉴不同学派的理论观点和研究方法，并结合科技革命的最新成果，做到研究方法的多样化和研究手段的现代化，使我国的国际政治理论研究建立在更加坚实的基础上，既服务于我国的对外战略目标，又能更好地体现全球历史观，特别是要探索超越政治和文化界限的相互联系，改变那种仅从世界的某一角落来考察当代世界的偏私倾向。

第三章　国际政治理论研究方法

国际政治理论是政治学的一个分支，其作为一门独立的学科是在第一次世界大战后才逐步形成和发展起来的。作为一门年轻的学科，其研究方法也在不断推陈出新，先后经历了传统的研究方法诸如历史研究、个案研究以及法理研究等，新的研究方法即科学行为主义的研究方法、后行为主义的研究方法以及当前在西方比较流行的自由主义、新制度主义、建构主义等，这为我们研究国际政治理论提供了有益的借鉴。"研究方法正确与否是决定一门科学能否产生科学结论的重要因素。"①我国正面临着建立完整、系统的国际政治理论的艰巨任务，因而确立正确的方法论尤为重要。有鉴于此，笔者认为中国的国际政治理论方法论建构，应以马克思主义辩证唯物主义和历史唯物主义为指导，学习和借鉴其他学派的方法，并做到研究方法的多样性和研究手段的现代化等。

第一节　坚持马克思主义为指导

马克思主义是关于自然、社会和思维最一般规律的科学，贯穿于其中的辩证唯物主义和历史唯物主义方法论奠定了国际政治理论的哲学基础，因为它克服了以往历史理论的诸多缺陷。正如列宁所指出的："马克思主义则指出了对各种社会经济形态的产生、发展和衰落过程进行全面而周密的研究途径，因为它考察了所有各种矛盾的趋向的总和，并把这些趋向归结为可以准确测定的、社会各阶级的生活和生产的条件，排除了选择某种主导思想或解释这种思想时的主观主义和武断态度，揭示了物质生产力的状况是所有一切思想和各种不同趋向的根源。"②西方学者对此评论道，"马克思主义提供了合理地排列人类历史复杂事件的使人满意的唯一基础"，是"今天仍保留着生命力和内在潜力的

---

① 白希著：《现代国际关系学导论》，中国政法大学出版社 1991 年版，第 32 页。
② 《列宁选集》第 2 卷，人民出版社 1995 年版，第 59 页。

唯一的历史科学"。"当代著名历史学家、甚至包括对马克思的分析抱有不同见解的历史学家，无一例外地交口称赞马克思主义历史哲学对他们产生的巨大影响，启发他们的创造力。"①

在辩证唯物主义和历史唯物主义的基础之上，马克思主义经典作家为我们提供的科学方法论还有：

其一，系统论的方法。系统论要求我们在观察、分析、解决问题时采用整体性原则、相互联系性原则、有序性原则、动态性原则、定量化原则等。它不仅是唯物辩证法普遍原则的具体运用，而且是对整个唯物辩证法的补充和深化，丰富了唯物辩证法的内容。按照系统论的原则，我们研究国际问题时就是要从国际社会的客观实际出发，才能正确分析国际社会的构成、各种力量的对比以及它们相互之间的关系，并进而弄清国际社会发展变化的动因、条件、表现以及发展趋势和规律等。

其二，经济与政治相互关系的原理。经济关系和政治关系相互作用、相互影响，是国际社会最基本、最普遍和最一般的关系。马克思主义经典作家对此曾作过深刻的分析，首先强调经济决定政治，强调经济是基础。"生产关系的总和构成社会的经济结构，既有法律的和政治的上层建筑竖立其上并有一定的社会意识形式与之相适应的现实基础。物质生活的生产方式制约着整个社会生活过程。"②其次，又强调政治是经济的集中表现，对经济具有反作用，有时甚至是决定性的作用。恩格斯指出："经济状况是基础，但是对历史斗争的进程发生影响并且在许多情况下主要是决定着这一斗争形式的，还有上层建筑的各种因素。"③"一种历史因素一旦被其它的、归根到底是经济的原因造成了，它也就起作用，就能够对它的环境、甚至对产生它的原因发生反作用。"④马克思主义的这些观点和分析方法，对揭示当代世界格局与国际关系历史进程和结果是极其精辟科学的。对于西方研究国际关系时割裂经济与政治相互关系的现象，美国学者琼·斯佩罗批评道，关于国际政治经济问题，从17世纪的重商主义者到20世纪的马克思主义者，在研究国家间关系时都曾涉及过，但是在20世纪，这方面的研究却被忽视了。政治与经济彼此割裂，即使不是在实际

---

① ［英］巴勒克拉夫著：《当代史学的主要趋势》，上海艺文出版社1987年版，第154页。

② 《马克思恩格斯选集》第2卷，人民出版社1995年版，第312页。

③ 《马克思恩格斯选集》第4卷，人民出版社1995年版，第281页。

④ 《马克思恩格斯选集》第3卷，人民出版社1995年版，第152页。

上，至少是在国际关系的分析和研究中被孤立了起来。造成这种割裂的原因，可以从当代西方理论遗产中找到，这就是自由主义。

其三，历史分析法和阶级分析法。马克思主义经典作家认为，在评价国际社会的历史事件和历史人物时一定要坚持科学的方法，这就是坚持历史分析法和阶级分析法的统一。列宁指出："在分析任何一个社会问题时，马克思主义理论的绝对要求，就是要把问题提到一定的历史范围之内。"[1]"判断历史的功绩，不是根据历史活动家有没有提供现代所要求的东西，而是根据他们比他们的前辈提供了新的东西。"[2]有鉴于此，在国际关系理论研究中，我们要从特定的历史背景出发，对历史人物的是非功过进行具体的全面的考察，不能按个人的好恶和政治上的需要去论定。要尊重历史事实，如实地反映历史人物与当时历史条件。坚持阶级分析法，这是由于国际社会还存在着无产阶级和资产阶级的对立，存在着社会主义制度和资本主义制度的斗争。但又不能把国际范围内的阶级斗争简单化、绝对化，国际范围内的阶级斗争不同于一国范围内的阶级斗争，作为国际行为主体的国家，除了代表那个国家统治阶级的利益外，它还代表那个国家整体的、全民族的利益。在国际关系领域，历史分析法和阶级分析法是一致的，两者是不可分割的。

除此之外，马克思主义科学的方法论还有：世界各国相互依赖的观点、历史事变的"合力论"、以生产方式为依据划分时代的观点、民族殖民地问题的理论、战争与和平的理论以及世界体系理论等。

当然，坚持马克思主义不是机械地背诵和套用现成的结论，而是要坚持和发展马克思主义的立场、观点和方法去研究新情况、解决新问题、得出新结论。因为马克思的整个世界观不是教义，而是方法。它提供的不是现成的教条，而是进一步研究的出发点和供这种研究的方法。马克思主义者普遍认为，马克思主义是科学，它始终严格地以客观事实为依据。而实际生活总是在不停的变动中，这种变动的剧烈和深刻，近100年来达到前人难以想象的程度。因此，马克思主义必定随着时代、实践和科学的发展而不断发展，不可能一成不变。不以新的思想、观点去继承、发展马克思主义，不是真正的马克思主义者。

---

① 《列宁全集》第20卷，人民出版社1972年版，第245页。
② 《列宁全集》第27卷，人民出版社1972年版，第145页。

第二节　学习和借鉴其他国际政治学派的方法论

在建构国际政治理论方法论上，我们要学习和借鉴的还有西方发达国家的国际政治理论方法论、前苏联和东欧的国际政治理论方法论、发展中国家的国际政治理论方法论以及其他各国工人政党的国际政治理论方法论，而主要是西方和苏东国际政治理论方法论。

西方的国际政治理论起步较早，发展较快，各种学科和流派十分繁杂，但就其基本的理论观点而言，则主要有三大学派：这就是理想主义学派、现实主义学派、新现实主义学派。西方的国际关系流派提出的许多观点是我们所不能苟同的，但他们同样是国际社会历史长期发展的产物，并且在某些方面也揭示了国际关系的本质，应当引起我们的重视。更为重要的是在方法论上，西方是较早地将其他学科的、特别是自然科学和经济科学的方法引入国际政治理论研究，对我们有重要的启示作用。西方学者在研究国际政治理论时提出了许多新方法，主要有：

其一，传统的方法论。传统的方法论也称传统现实主义或传统主义的研究方法，就是人们用大脑处理所经历的各种外部现象，将其归纳或演绎，通过思辨得出结论，是20世纪50年代末以前国际社会广泛采用的一种方法。其方法论的基本内容是：将由主权国家组成的国际关系体系作为研究的出发点、主体和核心；把权力和利益及其相互关系作为国际政治理论研究的主要内容之一，并认为主权国家之间的关系是一种权力利益争夺，强权之争；强调国际关系理论研究要注重价值取向，要强调个案研究和对策研究，要与国家的对外政策相结合；注重历史和与历史有关的学科的研究等。

其二，科学行为主义的研究方法。科学行为主义方法论，主张对人或行为者的行为而非思维进行研究，认为科学的理论必须建立在逻辑论证的基础上，符合一套规定的程序和要求，目的在于通过严格设计的实验得出定量性结论，使人类行为具有可预测性。科学行为主义方法论被称为第一次方法论革命，流行于20世纪50年代末期至60年代末期，并与传统主义的方法论展开了论战。其方法论的主要内容是：行为主义者们批评传统研究方法充斥着个人的价值判断，强调国际关系理论的纯理论化，即抽象化、系统化、一般化和保持价值中立，主张以理论取向代替政策取向；行为主义指责传统方法过分注重事物的本质，他们一反传统方法对诸如国家制度、国家起源、政治权力、国家利益等概念的关注，主张研究各种非国家、超国家、跨国家的行为主体，甚至个人；行为主义主张将现代科技革命的新成果和方法诸如系统论、控制论、信息论、博弈论、数理统计以及模拟分析等引入国际关系研究；行为主义主张国际关系理论研究的量化研究和计算机模拟，认为只有能够量化的，才可能是科学的，只有首先定量，才能正确地定性。

其三，后行为主义的研究方法。20 世纪 60 年代末至 70 年代初在西方国际政治理论研究中出现所谓第二次方法论革命，即后行为主义。后行为主义根据实践和理论要求，对行为主义方法论进行了重大改造。其主要内容是：后行为主义放弃了行为主义的所谓纯科学和纯粹价值中立说，重新恢复了规范性研究的地位，价值观念又重新被推到绝对的高度；后行为主义主张理论应向应用方向发展，国际政治理论则应向政策科学方向发展，强调国际政治学家既是社会科学家，又是政治行为者；后行为主义主张将过去各种有用的研究方法兼容并蓄、相互补充，并认为科学方法的进步不在于对一种方法褒而对另一种方法贬，而在于使一种方法为另一种方法服务。此后，西方国际政治学方法论呈现出多种方法论交叉并存的局面，诸如国际政治系统论、国际政治沟通论、博弈论、国际合作机制论、公共选择范式、比较政治经济方法等。对此，我们既不能简单地肯定，也不能全盘否定，而要对它们进行一番改造，吸收其有用的科学的方法，抛弃其无用的错误的方法。

苏联东欧的国际政治理论研究比西方起步要晚，可以称之为国际政治理论的马克思主义学派，或东方学派。在苏联东欧的国际政治理论研究的过程中，曾先后出现过三个主要的学派，它们是历史法学派、社会分析学派和多学科派。这三派在基本的理论观点上没有多大的差别，主要区别于研究方法的不同。其中历史学派是最早也是最大的一个学派，是苏东国家研究国际政治理论的主流学派。该派主要是从历史学和法学的角度研究和探索国际关系的发展规律的。社会学派强调从哲学、社会学的角度，对国际政治理论进行综合性分析和研究，该派主要流行于苏联。20 世纪 70 年代中期以后，最初出现于南斯拉夫的多学科派的研究方法为大多数国家所接受，该学派强调对国际政治理论的多学科综合研究，它是苏东国际政治理论形成后的主流学派。苏东学者的国际政治理论研究方法，与西方相比有许多共同之处。诸如都强调跨学科的综合研究，注重利用系统论、控制论和信息论等科技革命的成果去研究国际关系，既强调宏观研究，又不忽视微观研究和个案研究等。但与西方不同的是，苏东学者普遍强调国际政治理论研究应以马克思主义为指导，与国家的对外政策紧密结合，并且在国际关系体系、国际关系类型、国际格局等方面也有不同观点。尽管苏东学者的有些研究方法需要进一步商榷，但他们拓宽了国际政治理论方法论的研究，形成了独立的国际政治理论方法论体系，在世界上占有一定的地位，今天仍应引起我们的重视。

从"二战"结束至今，虽然发展中国家的国际政治研究，尚未形成独立的体系，也未受到应有的重视，但这些国家的学者在不断地探索、研究的过程中，也形成了一些重要的思潮和流派。如"中立主义"、"发展主义理论"、"依附论"等，并且在方法论上也进行了不同程度的创造。对此，我们应该加强研究。当然，其他各国工人政党研究国际问题的方法，我们也不能忽视。

第三节　国际政治理论方法论的未来发展

当前，虽然国内外国际政治理论方法论的研究已取得了很大进展，但仍处于对国际政治行为部分描述和部分解释的阶段。从目前研究现状和发展趋势来看，国际政治理论方法论研究将在以下三个方面进一步展开。

第一，研究方法的多样化。国际政治理论涉及多种学科，具有很强的综合性、交叉性、边缘性的特点。对国际政治理论发展有较大影响的学科有哲学、政治学、历史学、国际法学、军事学、地理学、政治经济学等。美国学者昆西·赖特甚至认为，与国际关系产生相关的学科多达 23 个。随着国际政治理论内容的不断发展，其涉及的学科会更多，各学科的相互交叉和相互渗透将更为复杂，其研究方法也将进一步多样化。除了传统的历史学、法学、社会学、心理学等方法被进一步加以完善之外，其他诸如计量经济学、社会生态学、宇宙学甚至数学、物理、化学等纯自然科学的研究成果，也有可能被应用于国际政治理论研究。因此，国际政治理论研究方法将会多样化，呈现出宏观研究和微观研究、定量分析和定性分析、实证分析和规范分析、理论取向和政策取向、基础研究和应用研究合流的趋势，从而使这门学科向更加成熟和繁荣的方向发展。

第二，研究手段的现代化。研究手段是否先进对一门学科的发展和成熟会产生重大影响，这在历史上和在其他学科领域已得到证明。例如第一次科技革命成果的利用，使物理、化学、生物学等学科迅速发展；大型粒子加速器的出现使物理学产生了重大发现；航天技术的发展使天文学和宇宙学迅速发展起来。以上事实说明，科学技术的发展会使人们的认识能力更进一步向深度和广度扩展。目前，随着大规模集成电脑统计、数据储存和分析、数字信息处理等高科技手段的应用，再加上信息的交流和通讯手段，国际政治理论研究精确化的趋势将有所提高，这门学科的方法论建设也将日臻完善。这是建立我国国际

25

政治理论研究方法论要引起足够重视的。

第三，各种研究方法的进一步融合。对方法论的研究是国际关系理论研究的一个重要领域。随着科技、经济、信息等全球化的发展，各类知识的相互渗透，国际政治现象的大量涌现，人类业已掌握的研究方法已无法满足当今现实的需要。任何现存的、占据一定地盘的理论都有不可替代的优势和历史必然性，任何思潮和学派也都有自身无法逃脱的短处和思想局限性。对传统研究方法进行更新已是历史的必然，行为主义方法论正是应这种客观需要而产生的。行为主义所采取的一些技术手段和研究程序，对国际政治理论的发展和繁荣起了一定的推动作用，尽管其尚不够完善和系统。后行为主义对行为主义学派的研究方法进行了较大的改造，继承了其主要研究原则和方法，并进行了开拓和创新，但后行为主义的研究方法论是建立在主观唯心主义基础之上的，并导致了西方国际关系学领域空前的唯心主义热潮，严重地脱离了国际关系的实际。当前，国际政治理论研究界已呈现出多种方法论并存的局面，既有以历史经验为基础的、侧重外交和国际权力斗争的所谓传统方法，又有以系统论、控制论、信息论、博弈论等科技手段为研究方法的行为科学方法，以及自由主义、新制度主义、世界体系理论和建构主义等方法，再加上马克思主义学派的方法论等。这就造成了各种学派与方法的交叉，同一学派内部的不同学者或流派，在方法上大不相同，在同一种方法论下，可以吸纳和整合世界观大相径庭的不同学派和学者，改变了以前不同学派和方法论之间的泾渭分明、水火不容的状况，使国际政治理论研究更加成熟和完善。

我们要以马克思主义的辩证唯物主义和历史唯物主义的世界观和方法论为主导，批判地借鉴不同学派的研究方法，并结合科技革命的最新成果，使我国的国际政治理论方法论研究建立在更加坚实的基础上，既能服务于我国的对外战略目标，又能更好地体现国际历史观，也就是要探索超越社会制度和意识形态所限制的状况，努力改变那种仅从世界的某一视角来考察国际社会的狭隘倾向。

中篇 国际政治理论中的影响因素

　　国际政治理论的影响因素是多种多样的，笔者只是列举其中具有代表性的诸如国家利益、经济因素、科技因素、国际安全、自然环境和综合国力进行分析，期望更深入系统地把握国际政治理论的本质规律和发展方向，从而有效地应对国际机遇和挑战，使我们在风云变幻的国际形势下永远立于不败之地。

第四章　国家利益与国际政治

国家利益是国际政治学理论研究的一项重要内容，它的概念的形成经过了长期的发展过程。国家利益的属性主要是指它的具体性和抽象性、特殊性和普遍性、阶级性和民族性。国家利益在国际政治中起着关键性的作用，正如美国著名国际政治学者汉斯·摩根索所说："只要世界在政治上还是由国家所构成，那么国际政治中实际上最后的语言就只能是国家利益。"①"国家利益是在国际政治中发挥作用最持久、影响力最大的因素，是国家对外行为的最基本动因。"②但究竟何为国家利益，则众说纷纭、莫衷一是。有鉴于此，笔者有意对国家利益的概念、属性以及在国际政治中的作用等，力争作一些有益的探索。

第一节　国家利益概念的由来

"国家利益"一词出现得很早，甚至"在古希腊罗马帝国兴盛时期，便可以在政治家的演说中经常找到它的痕迹"。③ 那时的统治者就经常以国家利益为理由号召本国公民投入对邻国的战争。但在民族国家产生之前即前资本主义时期，不存在严格意义上的国家利益。因为在这一时期的国家里，君主制政体占主导地位。"朕即国家"的思想往往使一个政治共同体或国家的利益等同于其统治者或君主、王朝的利益。国家利益总是通过君主个人或是贵族利益集团表现出来的。此时各个政治共同体或国家进行交往、联系或冲突、战争时，保护和维护君主或王朝的利益就是保护和维护国家利益。

当民族国家出现之后，亦即现代意义上的国际关系出现后，人们才愈益关注民族国家的利益，而且在一定程度上将民族国家的利益与统治者的利益结合

---

① 俞可平：《权利政治与公益政治——当代西方政治学评析》，社会科学文献出版社2000年版，第128页。

② 宋新宁、陈岳：《国际政治学概论》，中国人民大学出版社2000年版，第109页。

③ 白希：《现代国际关系学导论》，中国政法大学出版社1991年版，第54页。

起来。此时，国家主权成为国家利益的最核心的问题。"所谓主权，是指统治者或国家的最高权力，它具有最高性、普遍性、终极性和自主性等特征。"①它具有对内的最高统治权，对外的独立自主权，其对外独立性是其对内最高性的派生物。在欧洲民族国家产生之前，主权概念就已存在，但并没有进行系统的理论说明。法国学者让·博丹是最早较为系统地论述国家主权理论的，他把主权定义为一个国家中不可分割的、统一的、持久的、凌驾于法律之上的权力。博丹的国家主权理论主要是指国家内在主权的内容，如立法权、宣战、媾和权、任命官吏、最高裁判、造币和课税等权力。他同时也认为，一个君主或国家必须建立强大的武装力量，才能抵御外来威胁，这是保障国家绝对主权的必要条件。荷兰学者格劳秀斯是第一个系统论述国家对外主权的西方思想家，他认为："所谓主权，就是说它的行业不受另外一个权力的限制，所以它的行为不是其他任何人类意志可以任意视为无效的。"②"国家是在法律上有效力的、独立的自由民的集合体，以享有法律的利益和共同的利益为目的的联合。"③

　　随着国家间的接触和相互作用的日益频繁，国家利益的内容也日益丰富。《威斯特伐利亚和约》签订之后，国家主权作为国家利益已成为人们的共识。18 世纪以后，特别是法国大革命之后，国家理由或国家存在的理由也成为国家利益的必要条件。德国历史学家德利希·迈内克指出，国家存在的理由是国家行为的第一运动法则，它告诉统治者如何保持国家力量的强大。由于国际社会的无政府状态，国际间彼此互不信任，各国都在追求自己的权力和利益，使得国家存在理由变得更为充分和必要了。为了实现国家的利益，"国家必须为其自身创造自己想象的权利和存在的必要性，因为没有其他权威能够代表它来创造这种权利和存在的必要性"。④ 此外，与国家理由相联系并且流行于欧洲国家的另外一个名词"国家荣誉"也进入国家利益的概念。美国学者查尔斯·比德认为，虽然人们对"国家荣誉"没有明确的定义，但它为维护经济或政府利益提供了一种便利的策略基础。

　　国家利益实际上是进入 20 世纪之后才被世界各国所广泛使用的一个概念，但有着明显不同的含义。现实主义学派的奠基人汉斯·摩根索认为："国家利

---

① 宋新宁、陈岳：《国际政治学概论》，中国人民大学出版社 2000 年版，第 11 页。
② 《西方法律思想史资料选编》，北京大学出版社 1983 年版，第 44 页。
③ 《西方法律思想史资料选编》，北京大学出版社 1983 年版，第 143 页。
④ ［英］伊万·鲁阿德：《国际关系学基础读物——有关国际社会概念的演进》，麦克米伦出版公司 1991 年版，第 171 页。

益概念包括两重因素。一个是逻辑上所要求的，即在逻辑意义上是必不可少的；另外一个是由环境决定的，可变的。因此，前者有相对永恒存在的必然性，后者则依环境的变化而改变。"①其中"生存是根植于国家利益概念内的仅存的内涵"，还"包括国家领土、政治制度和文化的完整性"。② 我国学者认为，国家利益是指"一个国家的生存利益和发展利益"，它包括国家的安全利益、经济利益、政治利益、国际联系利益，而国家利益是指"一切满足民族国家全体人民物质与精神需要的东西"。③

对于任何一个概念的定义，都可以根据实践的需要，从不同方面揭示其本质。正如列宁指出："所有定义都只有有条件的、相对的意义，永远也不能包括充分发展的现象的一切方面的联系。"④有鉴于此，笔者认为，国家利益是指满足一个国家生存和发展的各种因素的综合。为了明确不同矛盾的性质和内容，国家利益还可以从不同角度来认识。根据利益的内容分类，国家利益可分为经济利益、政治利益、安全利益和文化利益等。根据利益的重要程度分类，国家利益可分为最高利益、战略利益和战术利益等。根据利益的时效性分类，国家利益可分为长期利益、中期利益和短期利益等。根据利益主体的范围分类，国家利益可分为普遍利益和特殊利益等。

第二节　国家利益的属性

许多国际政治学家都信奉这样一种观点，国家之间既没有永久的朋友，也没有永久的敌人，只有永恒的利益。但对于国家利益的诸多方面的认识和理解却大相径庭，特别是在国家利益的属性问题上更难以达成共识。而我国大部分学者对国家利益的属性的研究，主要集中于阶级性和民族性上，这是有失偏颇的。笔者认为国家利益主要包括以下属性：

第一，国家利益的具体性和抽象性。"国家利益是一定的社会历史条件和国内外政治经济环境所规定的客观实在，是国家内外政策的基本目标和评价国

---

① ［美］汉斯·摩根索：《政治学的困境》，芝加哥大学出版社 1959 年版，第 66~69 页。

② 程毅、杨宏禹：《国际关系基础理论》，华中师范大学出版社 1991 年版，第 296 页。

③ 阎学通：《中国国家利益分析》，天津人民出版社 1997 年版，第 10 页。

④ 《列宁选集》第 2 卷，人民出版社 1972 年版，第 651 页。

内外政策的客观尺度。"①从这个意义上说，国家利益是一个客观存在，是有着具体内容的。国家的经济利益、政治利益、安全利益甚至文化利益等都有其具体的物质表现形态。各种具体利益包含着一系列更具体的内容，诸如：经济利益可分为进出口贸易、吸引国外资金、海外投资、技术进出口等；政治利益可分为政治独立、国家主权、国际地位等，安全利益可分为军事优势、领土安全、海洋权益等；文化利益包括传播民族文化、防止国外腐朽思想侵蚀等。此外，国家利益的实现，也要通过国家的具体行为和具体的对外政策以及特定的对外目标的达成反映出来，这也从一个侧面说明国家利益是具体的。

另一个方面，国家利益又是一个抽象的概念。因为国家利益不是个人、某个阶级或集团的利益，也不是某些单个利益的简单相加，而是一个民族、国家内各种利益的综合，是各种利益中的共同利益，是这些共同利益的抽象。"国家利益概念是各种特殊利益的总和，如同篮子里的鸡蛋一样被收集在一起。"②此外，国家利益的抽象性和具体性是交叉或重合的，这导致了在实践中不同个人、阶级、集团对国家利益的不同解释。例如在中共十一届三中全会之前，我国一直把防止战争作为首要的国家利益，其后我国把经济建设置于比安全利益更重要的地位上。又如美国政府内部对华政策是接触、遏制，也是基于对美国国家利益认知的不同。一个国家的国家利益包括许多具体内容，但作为整体的国家利益又是各种具体利益的综合或抽象，这又导致了国家利益的具体和抽象之间总不可能完全一致。

第二，国家利益的特殊性和普遍性。"世界各地都是特定社会历史发展的产物。由历史的、社会的、政治的、经济的、文化的、宗教的以及民族的诸种国内因素和外部发展环境不同，产生了各国特定的国家利益。"③特殊利益就是一个国家所追求的与他国不同的利益，如在冷战后中国努力发展经济、实现现代化，赶上发达国家，而俄罗斯则力图实现政治稳定，防止民族进一步分裂，恢复和发展经济，重塑大国地位。美国则以强大的综合实力为后盾，力图保住其霸主地位，建立以美国为主导的世界新秩序。虽然各国的特殊利益有所不同，并且不排除由于世界政治经济发展的不平衡，特别是发达国家与发展中国

---

① 俞可平：《权利政治与公益政治——当代西方政治学评析》，社会科学文献出版社2000年版，第128页。

② ［美］查尔斯·比尔德：《国家利益的观念——对美国对外政策的分析性研究》，格林伍德出版社1934年版，第117页。

③ 俞正梁：《当代国际关系学导论》，复旦大学出版社1996年版，第71页。

家的不平衡，在发达国家主导世界政治经济秩序的前提下，个别发达国家推行霸权主义和强权政治，常以牺牲他国的利益为代价来谋求自己的特殊利益，但各国的国际事务的某些领域、某种程度上又存在着某种共同的、普遍的利益即特殊性的利益中存在着普遍性的利益。如随着科技、信息、经济全球化的发展，各国之间的联系紧密，世界各国越来越成为一个不可分割的整体，人类面临的共同性问题增加，地区性和全球性的热点问题层出不穷，国际恐怖主义、宗教极端势力、民族分裂主义问题突出，环境恶化、生态环境遭到严重破坏、人口膨胀、粮食短缺、毒品走私泛滥，跨国犯罪、大规模杀伤性武器扩散等。以上问题的解决关系到各国的共同利益，使每个国家在追求自己特殊利益时，不能不引起重视。

第三，国家利益的阶级性和民族性。国家利益具有鲜明的阶级性。因为国家利益是掌握政权的统治阶级的利益，统治阶级的利益是国家利益的最主要组成部分，统治阶级支配着国家的对内对外政策等。国家政治利益的核心，是统治阶级借以维持其统治的政治制度和意识形态，国家的经济利益主要是满足统治阶级政治上的需要。国家利益的阶级性可以从国家的起源和本质中得到解释。马克思主义认为，国家是社会在一定发展阶段上的产物，国家是表示：这个社会分裂为不可调和的对立面即经济利益互相冲突的阶级，国家是为了使这些阶级利益的冲突得到缓和并把冲突保持在"秩序"范围以内的一种表面上凌驾于社会之上的力量。这种表面上凌驾于社会之上的独立的公共权力机构便是国家。国家是阶级统治的机关，是一个阶级压迫另一个阶级的工具。但是国家利益并不仅仅包含统治阶级的利益，在一定程度上它也代表着全社会、全民族的共同利益，因而国家利益在具有阶级性的同时，也具有全民性。这也可以从马克思主义国家学说里得到解释，马克思、恩格斯在论述国家的阶级本质时，也论述了国家的非阶级的规定性或社会性。国家作为一种历史产物，它产生于社会分裂为阶级、为了控制阶级冲突和社会生产规模扩大以及社会管理复杂化的双重需要，它具有阶级统治和管理社会的双重职能，它既是阶级统治的暴力机关又是管理社会的行政机关。此外，统治阶级和被统治阶级都生活在同一民族国家里，必然存在着超越阶级利益的民族利益。另一方面，统治阶级为了自己的生存或是迫于国内的压力，在把阶级利益上升为国家利益时，在某种条件下，也不得不把被统治阶段利益上升为国家利益。因而我们既不能将统治阶级的利益简单地等同于国家利益，也不能将两者截然分开。国家利益有阶级性和全民性的双重特性，两者相互联系、相互影响，共处于国家利益这个统一一体中。

第三节　国家利益的作用

国家利益作为国际政治行为的动因，在国际关系特别是指导国家行为主体对外政策和对外行为方面发挥着极其重要的作用。

第一，国家利益是国家制定对外政策的出发点。对于何为制定对外政策的出发点，人们有一个长期的认识过程。在资本主义民族国家形成之前，国家利益主要表现为统治阶级个人利益或最高统治阶层少数贵族集团的利益。在奴隶社会，奴隶主阶级的利益代表着国家利益。在封建社会，国家利益就是大地主阶级的利益。因此，统治者个人利益或少数贵族集团的利益成为制定国家对外政策的出发点。这种状况随着资本主义国家体制的确立而告结束。在现代资本主义国家中，大垄断财团左右着国家的对外政策，使其为本集团的利益服务。但为了应付国际社会政治经济复杂化的局面，资本主义国家统治集团也逐渐认识到，在制定对外政策时，除了本阶级的利益得到保障外，也必须兼顾国家民族的利益，否则既会使本集团的利益受到损害，也有可能危及本阶级的统治。社会主义国家的对外政策是建立在爱国主义和国际主义的基础之上的，它既体现了统治阶级的利益，也体现了国家民族的利益，并且与人民的根本利益并行不悖。列宁指出："我国的对内对外政策归根结底是由我国统治阶级的经济利益和经济地位决定的。这个原理是马克思主义整个世界观的基础。"①正是基于国家利益的阶级性和全民性的认识，邓小平指出："社会主义现代化建设是我们当前最大的政治，因为它代表着人民的最大的利益、最根本的利益。"②"我们的对外政策，就本国来说，是要寻求一个和平的环境来实现四个现代化"，因为这"符合中国人民的利益"。③

第二，国家利益是检测、解释和证明国家对外行为合理的标准。在复杂多变的国际社会中，以什么标准、采取什么方法来检测、证明和解释国家的对外政策和对外行为的合理性，一直是国际政治学者最为关注的问题之一。以往这一任务往往是由历史学家来完成的，他们通过对以往发生的事件的因果联系进行分析，对事件的利弊得失进行评判。但随着国际政治的日益复杂化，迫切要求人们在国家的对外政策实施之前，对其合理性进行科学的评判。人们逐渐认

---

① 《列宁全集》第 34 卷，人民出版社 1985 年版，第 306 页。

② 《邓小平文选》第 2 卷，人民出版社 1994 年版，第 163 页。

③ 《邓小平文选》第 2 卷，人民出版社 1994 年版，第 241 页。

识到国家利益是检测、评判国家对外政策和对外行为的最为有效的标准。国家利益作为评判国家对外政策合理性的标准，它要求人们必须首先确定什么是自己的国家利益，然后必须对国家利益的主次、轻重缓急进行层次分析，再次是对实现不同层次国家利益的手段进行取舍，最后是根据国家利益的实现程度来评判国家对外政策和对外行为的有效性。但一国所认定的国家利益并不总是表现为与他国利益和国际共同利益相一致的。如美国为了一己私利，拒不执行《京都议定书》有关温室气体排放量的规定，常以国家利益为名，行霸权主义和强权政治之实。苏联也有为了自己狭隘的国家利益而损害他国利益和人类共同利益的情形。因此，只有既符合每个国家的利益又不违背世界和平和发展与进步大局的国家利益，才是全人类所共同追求的。

第三，国家利益是调整国家对外行为的根本着眼点。随着国际形势的不断变化，各个国家的对外政策也会作出相应的改变和调整，但都是基于对自身利益出发来考虑的。如英国曾经实行光荣孤立和均势战略，而美国"二战"后从孤立主义向全球主义的演变，中国从结盟到不结盟的独立自主的和平外交政策的转变。历史上国际社会曾出现过多种调整国家对外行为方式的政策，如均势安全、集体安全等，它们的共同特点是，各国都是从自身和集团利益出发来调整对外政策和对外行为的，对缓和国际紧张局势在一定时期起过一定的促进作用，但也存在着严重缺陷，就是在一定程度上损害他国或其他集团的利益，并不能够阻止冲突和战争的爆发，也不能够长期维护世界的和平与稳定。因此，国家在调整对外政策时，"应该从国家自身的战略利益出发"，"同时也尊重对方的利益"。① 正如列宁所说："我们的经验使我们坚信，只有对各个民族的利益极其关心，才能消除互不信任，才能消除对某种阴谋的顾虑，才能建立语言不同的人们、特别是工人农民的互相信任，没有这种信任、无论各族人民之间的和平关系或者现代文明中一切尊贵事物的比较顺利的发展，都是绝对不可能的。"②

---

① 《邓小平文选》第 2 卷，人民出版社 1994 年版，第 330 页。
② 《列宁全集》第 34 卷，人民出版社 1985 年版，第 347 页。

第五章　经济因素与国际政治

马克思主义认为，历史过程中的决定性因素归根到底是现实生活的生产和再生产，人们是在确定的前提下创造历史的，其中经济的前提和条件是决定性的。世界经济是国际政治形成的基础，国际政治是世界经济的集中表现。在国际关系中，国家行为主体的行为、作用和影响在很大程度上受经济因素的影响和制约。正如美国学者琼·斯佩罗所说："从内涵到外延来看，国际经济关系就是国际政治关系。"①随着经济全球化的深入发展，经济因素和政治关系互相渗透、互相作用，冲破了国家界限和摆脱了国家疆域的束缚，并且对政治关系的影响日益增大。有鉴于此，研究经济因素对国际政治关系的影响就显得十分必要。

第一节　世界经济是国际政治形成的基础

国际政治不是从来就有的，它是在人类社会发展到一定历史阶段的经济基础上产生的。正如马克思所说："生产关系的总和构成社会的经济结构，即有法律的和政治的上层建筑竖立其上并有一定的社会意识形式与之相适应的现实基础。物质生活的生产方式制约着整个社会生活、政治生活和精神生活的过程。"②在资本主义生产方式产生之前，不存在严格意义上的国际政治。由于受当时科学技术和生产力发展水平的限制，世界上大多数国家几乎处于闭关自守和相互隔绝状态，就是偶尔有交往，也是零碎的、不系统的，一般只局限在特定的地域和特定的领域之内。随着新航路的开辟，特别是 18 世纪中叶工业革命以后，资本主义生产从工场手工业发展到大机器工业阶段，极大地促进了社会生产力的发展。正如马克思所说："资产阶级在它的不到 100 年的阶级统治

---

①　[美]琼·斯佩罗：《国际经济关系的政治学》，昂温海曼出版社 1990 年版，第 239页。

②　《马克思恩格斯选集》第 2 卷，人民出版社 1995 年版，第 32 页。

中所创造的生产力，比过去一切世代创造的全部生产力还要多还要大。"①资本主义生产方式的确立和在欧洲主要国家内占据统治地位，不仅推动了国内生产关系的变化和国际经济关系的变革，而且把越来越多的国家转入到资本主义国际分工、国际交换和世界市场中来，从而促进了资本主义世界经济的形成和发展，同时使各国的政治关系也日益密切，以致改变了以往国家之间的相互隔离和闭关自守状态。正如恩格斯所说："单是大工业建立了世界市场这一点，就把全球各国人民，尤其是各文明国家的人民，彼此紧密地联系起来，以致每一个国家的人民都受到另一国家发生的事情的影响。"②"资产阶级，由于开拓了世界市场，使一切国家的生产和消费都成为世界性的。……过去那种地方的和民族的自给自足和闭关自守状态，被各民族的各方面的互相往来和各方面的互相依赖所代替了。"③正是世界贸易的形成、国际分工的发展以及世界市场的建立，加强了国家之间的交往和联系，促使最初意义上的国际政治体系的产生。19世纪末和20世纪初，资本主义从自由竞争阶段发展到垄断阶段，帝国主义通过资本输出和国际贸易，推动了生产力的巨大发展，开始在经济上瓜分世界，并将世界领土瓜分完毕，资本主义世界经济得以最终形成。在这个基础之上，世界各国之间的政治关系也日益密切，"全世界已经划分为两部分，一部分是为数众多的被压迫民族，另一部分是少数几个拥有巨量财富和强大军事实力的压迫民族"，④ 以致国际政治现象已扩展到一切国家和地区。但这仍然是一种不完整的国际体系，因为占世界领土72%和人口65%的国家和地区虽然以被压迫和被统治的方式纳入这一体系之内，却被排斥在国际政治行为主体之外，并在很大程度上同国际政治体系相隔绝。第二次世界大战结束之后，特别是第三次科技革命浪潮的兴起，加速了生产、贸易和金融的国际化，极大地推动了世界经济的发展。一系列社会主义国家的诞生、殖民地和半殖民地民族解放运动的高涨，促使帝国主义殖民体系瓦解，亚非拉广大地区出现了一大批新兴的民族独立国家，以致各种不同类型的国家、国际经济组织和跨国公司被纳入到世界经济体系中来，各国之间的经济联系得到普遍的加强。正是在这个比较完整的、相互依存的世界经济体系基础之上，才形成了今天以200多个主权国家和数以万计的非国家行为主体相互联系的现代

---

① 《马克思恩格斯选集》第1卷，人民出版社1972年版，第256页。
② 《马克思恩格斯先集》第1卷，人民出版社1995年版，第24页。
③ 《马克思恩格斯选集》第1卷，人民出版社1972年版，第254页。
④ 《列宁选集》第4卷，人民出版社1995年版，第275页。

意义上的全球国际政治体系。综上所述，世界范围内经济发展是国际政治关系产生和发展的基础，世界经济体系的基本结构决定国际政治的基本力量构成，并且社会的生产力和生产关系的统一体生产方式的性质和水平决定国际政治的基本特征。

第二节 经济实力是综合国力构成的核心

现在人们评价一个国家的力量，不再只强调某一两个因素，而是强调一个国家的综合国力。"综合国力或称为国家实力，是国家对外政治行为的基础和保障。"[1]在国际舞台上，国际政治力量的行为能力与其综合国力成正比，综合国力越强，其行为能力就越大，反之亦然。对于综合国力构成和国家实力的评估众说纷纭、莫衷一是，但一般是将其分为两部分：一是有形因素，也称物质因素，包括地理条件、人口状况即人口的数量和质量、自然资源、经济实力、军事力量。二是无形因素，也称精神因素，包括政府效能、政治制度、领导素质、国家和政府的国际信誉、对外部的依赖与外部的支持和国民的士气等。在以上诸要素中，国际政治学者普遍认为，经济因素是综合国力的核心。美国学者克莱因在其《世界权力的评价》一书中，不仅提出了著名的综合国力评估的"克莱因公式"，而且认为经济实力是国家实力中物质要素的最基本的成分，其比重应占到 2/5。尽管这种将国家实力数量化的分析方法不可能很精确，在某些方面难免带有主观臆断的成分，但他强调经济因素是构成国家综合国力的重要物质因素的观点则是无可非议的。经济因素不仅是综合国力构成的核心，而且对构成综合国力的其他要素均能产生影响。

第一，在自然环境方面，随着经济实力的提高，人们征服自然、改造自然的能力会得到增强，就会减轻国家行为主体受自然环境的束缚和对自然资源的依赖程度。

第二，在科学技术方面，科技的发展需要投入大量的人力、物力和财力，经济实力的强大将为一国科技的发展奠定坚实的基础。而科技的发展，又反过来提高该国的工农业生产能力、对外贸易水平和刺激该国经济的发展，使经济和科技两者产生良性互动行为，成为一国综合国力提高的基础性的力量。

第三，在军事方面，经济实力的雄厚与一个国家的军事力量的增强有直接

---

① 宋新宁、陈岳：《国际政治经济学概论》，中国人民大学出版社 1999 年版，第 12 页。

的关系，它是实现一个国家武器装备现代化的物质保障。很难想象，没有经济实力作后盾，一个国家能真正成为军事强国。

最后，在综合国力构成要素的精神方面，经济实力的强大，能够提高人民的生活水平，提高国民的教育程度和整体素质，增强人民对政府的拥护程度，增强民族凝聚力和自信心，从而保持国家的政局稳定。

在国际政治中，经济实力发展的不平衡，不仅直接决定国际经济力量之间的结构状态，即经济格局的不平衡，而且还必然引起国际政治力量的此消彼长的变化，导致国际政治格局的演变。例如 19 世纪末 20 世纪初，由于资本主义经济发展不平衡规律的作用，德国、美国和日本已跳跃式地赶上了老牌资本主义国家英国和法国，并引起了争夺原料产地和瓜分殖民地的帝国主义战争，最终导致了世界政治格局的变更，以欧洲诸大国为中心的国际政治格局开始改观。又如"二战"结束时，美国的经济实力超过了所有资本主义国家经济实力的总和，在世界经济中占据绝对的优势地位，并在很大程度上主导了世界政治事务。至 20 世纪 60 年代，苏联的经济实力有了显著的增长，并直接导致了世界经济格局中两大经济力量并行的局面，为国际政治格局中美苏两极格局的对峙奠定了基础。20 世纪 70 年代以后，随着日本、西欧经济实力的迅速增强，形成了资本主义世界经济的美、日、欧三极结构，从而导致了国际格局由两极向多极的演变。

尽管国际经济格局与国际政治格局的变化不完全同步，但两者在总方向上是一致的，并且国际经济格局的特点对国家政治格局的特点有重要影响，二者相互作用、相互影响，共同构成了世界经济与政治的相互合作、并存和矛盾、冲突的局面。

正是因为经济因素在综合国力构成中的重要性，加上当今世界上经济的竞争更趋激烈，因而世界各国都把提高以经济实力为核心的综合国力置于首要地位，以期在 21 世纪的国际舞台上占据一个更有利的位置。

第三节　经济因素对国家行为的作用

经济因素不仅是国际政治产生的基础、导致国际政治格局的变更，而且对国家行为主体的对外行为能力产生重要影响。

第一，经济利益是国家对外目标的核心。马克思主义认为，历史过程中的决定因素是现实生活的生产和再生产，人们是在确定的前提下创造历史的，

"其中经济的前提和条件是决定性的"。① 在国际社会中，任何一个国家制定对外政策都有政治、经济、军事和文化等方面的目标，但其首要目标都是其经济利益。因为经济利益既是一个国家生存的基本条件，又是其发展的保障，而且还决定其对外战略的投放能力。国家对于经济利益的追求根源于人类对衣、食、住、行等物质利益追求的一般特性。但是经济利益的实现方式是随着生产力和生产方式的发展而发展的，在二战之前，资本主义国家主要是通过争夺殖民地的原料产地和商品销售市场，以瓜分世界的帝国主义战争来满足自己对经济利益的追求。而战后则主要是通过跨国公司的活动以及国际分工、国际贸易的方式来实现的。冷战结束以后，世界正面临着一场以经济为中心内容的综合国力的全面竞争，一个国家的实力及其对国际局势影响力，已不以单纯的军事力量来衡量，而以经济实力为基础的综合国力来衡量。谁能在经济领域中占据优势，谁就能在这场世界性的竞争中获胜，因而各国对外目标的核心都转向经济利益，从而使经济领域的竞争会变得更加激烈。例如中国加入世贸组织以后，中国的大市场在世界上具有越来越大的吸引力，潜力之大，为美、英、法、日等国所关注，都有感于失去中国大市场的巨大压力。小布什于 2001 年初上台后，中美之间的政治安全等方面的麻烦不断，如称中国为"战略竞争者"到售台武器，再到"撞机事件"，中美关系跌入低谷。但布什仍宣称大力支持与中国发展经贸关系，造成中美之间的政治、安全和经贸关系逆向而行的现象。中日之间在领土、历史、参拜靖国神社等方面存在纠纷，但两国的经济贸易关系总的说来在持续地增长。

　　第二，经济利益的矛盾与差异是导致国家与国家对抗与冲突的根源。由于经济利益是国家对外目标的核心，因而经济的矛盾和差异也就成为国家对抗和冲突的基本动因。国家之间由于政治经济体制、意识形态、价值观念、历史文化以及经济发展水平等方面的差异，使国家经济利益的发展表现出不平衡性，并呈现出多样性的特点。一国在追求自己的经济利益时，如果不考虑这种差异性和多样性，只顾一己私利，势必会损害他国的经济利益，从而导致政治上的冲突和矛盾。例如当今发展中国家与发达国家的矛盾即南北矛盾，就是在战前帝国主义与殖民地、半殖民地国家之间的矛盾关系的基础上演变过来的。广大发展中国家在独立之前，绝大多数是帝国主义长期统治、掠夺和剥削的殖民地和半殖民地，这种不平等的经济关系在目前仍然没有得到根本的改观。发达资本主义国家为了继续保持在世界经济中的优势地位，竭力维护旧的经济秩序，

---

① 《马克思恩格斯选集》第 4 卷，人民出版社 1995 年版，第 696 页。

并采取新殖民主义方式，通过不合理的国际分工和不平等的国际贸易，继续剥削广大发展中国家，成为当今南北政治矛盾的主要根源。不同性质的国家之间的经济差异和矛盾会导致政治上的冲突和对抗，就是相同性质和类型的国家，由于经济的差异和矛盾也会引起相互间的政治冲突。例如冷战结束后，随着共同敌人的消失，美、日、欧在经济方面的矛盾和摩擦日益增多，同盟关系虽然总体上继续维持，但紧密程度已远不如前。正如美报所惊呼的："西欧和美国之间的紧张经济关系，正在首次侵蚀把大西洋两岸联系在一起达35年的军事联盟。"①又如，欧盟明确反对美国的"赫尔姆斯-伯顿法"和"达马托法"，在对中、俄关系以及"国家导弹防御计划"、"战区导弹防御计划"等问题上与美国也有一定距离。有鉴于此，经济利益的矛盾和差异引起的政治冲突，只有通过建立公正合理的国际经济新秩序才能得到根本的解决，这就要求每个国家在制定对外经济目标时，既要从自己的经济利益出发，"同时也尊重对方的利益"。②

第三，利用经济手段达到政治目的是国际政治中常用的办法。利用经济手段达到政治目的是国际政治中国家行为主体经常采用的方法，它对国家间相互关系的影响主要表现在以下两方面：

一是经济援助。利用经济援助并附带种种政治条件来影响受援国的对外政策的制定和实施，使之纳入自己的势力范围，这是国际政治中大国常用的方法。例如1947年6月美国通过"马歇尔计划"向西欧提供130亿美元的援助，将其纳入以美国为首的反苏反共的帝国主义阵营。20世纪70年代中期以后，苏联向越南提供数十亿美元的援助，拼凑以苏联为主导的亚洲集体安全体系等。冷战结束以后，经济援助的政治色彩仍然十分浓厚。如1997年东南亚金融危机发生后，美国主导的国际货币金融机构把对东南亚诸国的经济援助和它们开放市场、制定符合美国标准的经济规则等联系起来。

二是经济制裁。利用经济制裁削弱和限制对手的发展，也可达到某种政治目的。其具体做法包括抵制、封锁、禁运、调整贸易条件和制裁等。例如中国在抗日战争时期抵制日货运动，中华人民共和国成立后，美国对中国实行经济封锁和贸易禁运，企图将中华人民共和国扼杀在摇篮里。1990年8月，伊拉克入侵科威特后，国际社会对其进行经济制裁，迫其从科威特撤军等。经济制裁在一定时期内能够给被制裁国带来一定的经济困难，特别是对那些资源短

---

① 愈正梁等著：《战后国际关系史纲》，世界知识出版社1990年版，第295页。

② 《邓小平文选》第3卷，人民出版社1993年版，第330页。

缺、对外依赖性较强的国家，从而达到有限的政治目的。但是经济制裁对一个具有相对完整独立的国民经济体系的国家来说，其影响并不是决定性的。例如中华人民共和国成立以后，"我们处于被孤立、被封锁、被制裁的地位有几十年之久。但归根结底，没有损害我们多少"。① 特别是在当今经济全球化迅速发展的背景下，各国相互依存程度加深，经济制裁是一把双刃剑，它给被制裁国造成经济损害的同时，给制裁国的经济也会产生不利的影响。尽管如此，经济制裁毕竟是国际政治斗争的手段之一，并对国家间的关系产生一定的影响。

　　经济因素对国际政治的影响不仅仅表现在上述几个方面，当前区域经济集团化和国际经济一体化的迅速发展，密切了经济与政治的关系，加深了各国之间的相互依赖，并引起了一系列的环境、生态等方面的问题。更有甚者，发达国家利用经济全球化浪潮乘机向发展中国家传播西方的社会制度、意识形态、价值观念和经济规则以及推行"经济霸权主义"等，对发展中国家的主权形成了挑战，使"经济问题和安全问题重合在一起，成为国际关系的焦点"。② 综上所述，"全球经济及技术之间相互依赖的发展同主权国家构成的国际政治体系的持续分化之间的矛盾与冲突"③等问题，应引起我们的重视。

---

① 《邓小平文选》第 3 卷，人民出版社 1993 年版，第 329 页。
② ［美］琼·斯佩罗：《国际经济关系的政治学》，昂温海曼出版社 1990 年版，第 4 页。
③ ［美］罗伯特·吉尔平：《国际关系的政治经济学》，普林斯顿大学出版社 1987 年版，第 20 页。

第六章　科技因素与国际政治

科学技术"是一种在历史上起推动作用的、革命的力量"。① 随着科学技术的迅速发展，科技因素已成为了当今国际政治的重要内容，它不仅促进了国际关系的形成和发展，推动了人类社会经济和军事等方面的发展，而且对整个国际政治体系也会产生重要的影响，甚至会导致整个国际战略格局的变化。

科技因素影响国际政治，主要表现在两个方面：一方面是由于经济与政治密不可分，科技因素作用于世界经济，也就自然间接地作用于国际政治；另一方面，也是由于科技因素本身已经越来越深入地卷入了国际政治关系、对国际政治诸方面产生了直接的作用。随着当前科技革命深入而广泛的发展，科技因素"对国际关系的重要性，甚至已经开始超过经济军事等因素"，② 并且对"国际政治的影响也越来越直接和明显"。③

有鉴于此，深入研究科技因素对国际政治的影响，制定正确的科技发展战略，以维护我国的科技安全，就显得十分必要。

第一节　科技因素促进了国际关系的形成和发展

科学技术的发展，必然会引起生产力诸要素的改变和生产方式的变化，加深世界范围内的经济与政治的联系，并决定世界经济的性质，进而决定国际政治的基本特征。诸如历次的科技革命都突出地证明了这一点：

第一次科技革命产生于 18 世纪 60 年代的欧洲，它是以蒸汽机的发明和使用为主要标志的工业大革命。这次科技革命极大地推动了当时欧洲各国社会生产力的发展，从而促进了工场手工业向资本主义大机器工业的转变。由于资本

---

① 《马克思恩格斯选集》第 3 卷，人民出版社 1972 年版，第 575 页。

② 颜声毅著：《当代国际关系》，复旦大学出版社 1999 年版，第 230 页。

③ 宋新宁、陈岳著：《国际政治经济学概论》，中国人民大学出版社 1999 年版，第 257 页。

主义生产力的发展，一方面导致了国内商品过剩和市场狭小的矛盾，另一方面引起了原料的短缺。这一切促使资本主义奔走于全球各地，去开拓商品市场和原料来源，从而使资本主义单一的民族经济跨越了国界的束缚，破坏了许多落后国家的自然经济，并形成了最初意义上的国际分工和世界市场，并最终导致建立了以欧洲为中心的资本主义经济政治体系，现代意义上的国际政治体系由此开始产生。正如马克思、恩格斯所指出："资产阶级，由于开拓了世界市场，使一切国家的生产和消费都成为世界性的了……过去那种地方的和民族的自给自足和闭关自守状态，被各民族的各方面的互相往来和各方面的互相依赖所代替了。"①"单是大工业建立了世界市场这一点，就把全球各国人民，尤其是各文明国家的人民，彼此紧紧地联系起来，以致每一个国家的人民都受到另一国家发生的事情的影响。"②在此之前，不存在严格意义上的国际关系，各地区基本上处于相互隔绝的状态，就是偶尔有联系，也是不系统的、零碎的。

19世纪末期至20世纪初期开始的第二次科技革命，以电力技术的发明和广泛应用为主要标志。这次科技革命使生产力得到了进一步的提高，加速了资本主义从自由竞争阶段向垄断阶段的过渡。由于应用科技革命成果的时间、范围和程度等方面的不同，导致了资本主义经济政治发展的不平衡，致使少数几个在经济军事实力方面对其他国家和地区具有压倒性优势的强国，在国际事务中处于主导地位。这时的国际关系已具有全球性和整体性的特点，并且包含了政治、经济、军事、文化、意识形态等方面的极其丰富的内容，整个世界已经形成了以少数几个欧洲国家为中心的、对世界其他人口占多数的国家和地区实行殖民剥削和压迫的比较完整的全球体系，并且导致了霸权主义和强权政治的出现以及帝国主义国家之间的战争，以及民族解放运动和无产阶级革命等一系列国际政治问题的产生。

20世纪中期开始，特别是70年代后期以来广泛发展的第三次科技革命，以电子计算机、原子能和空间技术的发明与应用为主要标志，目前已深入到材料工程、能源工程、信息工程和宇宙工程等方面。这次科技革命使社会生产力以空前规模的速度向前发展，促进了世界经济的全球化，更加剧了世界经济发展的不平衡，并且导致了国际政治力量的不平衡发展，同时，它又产生了一系列全球共同关心的经济和政治问题，使整个人类相互依存程度不断加深，并且使世界经济与政治问题不断向纵深发展。

---

① 《马克思恩格斯选集》第1卷，人民出版社1972年版，第254~255页。
② 《马克思恩格斯全集》第19卷，人民出版社1963年版，第375页。

综上所述，历次科技革命"不仅推动了社会生产力的发展，改变了人类的经济生活和经济关系，而且给人类的政治生活和政治关系带来了一系列新的内容"，① 并将继续对国际关系产生深远的影响。

第二节　科技因素对国家对外行为的影响

科学技术因素对国际政治作用的途径之一，就是对构成一国综合国力的诸要素产生制约作用，而"综合国力是衡量一个国家在国际社会中的地位、作用、影响的重要尺度"，② 并能决定一个国家对外目标的选择范围和对外政策的实施手段。

科技因素对构成综合国力的诸要素的影响主要表现在如下几方面：

首先，科技因素改变了自然环境这一综合国力构成的相对稳定的因素。国家的综合国力是由多种要素构成的，其中有可见的、有形的物质要素，又有不可见的、无形的精神要素，而自然环境则是构成有形物质要素最基本的成分。自然环境是指环绕人类社会的自然界，其中包括作为生产资料和劳动对象的各种自然条件，主要是指一个国家的地理因素、人口状况和自然资源等内容，它是综合国力构成的有机组成部分。正如汉斯·摩根索所指出："一国权力所依赖的最稳定的因素显然是地理……另一个相对于他国的权力具有重要影响的相对稳定的因素是自然资源。"③一个拥有地理位置优越、幅员辽阔、土地肥沃、自然资源丰富以及适度数量和质量的人口的国家比较容易发展成为大国和强国，反之，较差的自然环境条件会给一个国家的强大造成诸多障碍。但是自然环境对一个国家综合国力的影响和作用并不是孤立的和绝对的，总是在与其他因素相互作用时，才能够充分表现出来。特别是现代科学技术的发展不仅有目的地改变了自然环境，使地理因素对国家实力的影响不那么至关重要了，而且扩大了自然资源的范围，使众多的自然环境因素的排列组合中的优先次序发生了变化。一些原先处于主要地位的环境因素可能降至次要地位，原先处于次要地位的环境因素有可能上升为主要地位，并且也会出现一些新的环境因素。这

---

① 宋新宁、陈岳著：《国际政治经济学概论》，中国人民大学出版社 2000 年版，第 249 页。

② 卫灵著：《新编世界政治经济与国际关系》，中国政法大学出版社 1997 年版，第 12 页。

③ ［美］汉斯·摩根索著：《国家间政治——寻求权力与和平的斗争》，中国人民公安大学出版社 1990 年版，第 152~155 页。

些变化必然会改变自然环境这一构成综合国力相对稳定的因素，进而对国家的对外行为产生影响。

其次，科技因素对国家经济实力的影响。科学技术是第一生产力，是最高意义上的革命力量，历次科技革命对人类社会的推动作用表明：科技因素最直接的作用表现在经济方面，并进而影响国家的实力。科学技术的发明和应用往往引起生产力的诸要素的重大改变，从而提高劳动生产率，增强国家的经济实力，并扩大在国际政治中的影响。科技革命加强了各国在国际分工、国际贸易和国际金融方面的经济联系，加深了世界经济一体化和全球化的进程，并导致了各国经济实力发展的不平衡。谁能掌握较多的科技成果，谁的经济就会发展得更快，在世界经济格局中就会进一步扩大自己的影响，并最终增强在国际政治格局中的地位与作用。正如联合国教科文组织前总干事费德利克·马约尔所说，"科学永远是财富之源，富国与穷国的差距就在于掌握知识的多少，没有科技的发展，就没有持续稳定的经济增长"，① 更谈不上国际政治影响。

再次，科技因素对国家军事力量的影响。国防和军事上的需要形成了对科技发展的强大推动力，许多新的科技发明和创造往往是在军事领域里取得的。科学技术在军事领域的一个突出表现就是引起了武器系统的革命性变化。人类历史上出现的由冷兵器向热兵器、常规武器向核武器、地面地表武器向太空武器发展的三次武器革命以及当前出现的许多全新概念的高技术武器系统，诸如精确制导武器、动能武器、粒子束武器、二元化学武器、激光武器等都是在一定的科学技术水平上发生的。武器的性质和水平直接制约着军队的战斗力，从而对国家的军事实力产生直接的影响。除此之外，科技革命的发展引起了军事理论的发展，改变了战争在国际政治中的地位和作用。传统的国际政治理论认为，战争是解决国际矛盾关系的最高形式，是实现政治目的的有效手段。但随着核武器以及其他大规模杀伤性武器的出现，爆发世界大战的可能性极小，"使用军事力量的结果不仅代价高昂而且还难以预料"。② 有鉴于此，"过去曾经作为一种经典公式的克劳塞维茨公式——战争是政治以另一种方式的继续——已经过时了"，"失去了所有理智的依据"。③ 然而，有限的、常规的局部的战争，则由于科技的发展和武器性能的系统改进，在国际政治中的意义却

---

① 颜声毅著：《当代国际关系》，复旦大学出版社 1999 年版，第 237 页。

② ［美］罗伯特·基欧汉、约瑟夫·奈著：《权力与相互依赖——转变中的世界政治》，中国人民公安大学出版社 1987 年版，第 177 页。

③ ［苏联］戈尔巴乔夫著：《改革与新思维》，新华出版社 1987 年版，第 177 页。

得到了加强。诸如 1991 年的海湾战争，1999 年的科索沃战争以及 2000 年 10 月阿富汗的反恐战争等。以上事实表明：科学技术的发展已使战争在现代国际政治中的作用更加复杂化了。

最后，科技因素对国力构成的精神要素的影响。科学技术不仅对构成一国综合国力的物质要素产生影响，而且对综合国力构成的精神要素诸如政治力、国民素质及意志力、政府的决策力、领导力、外交力等也产生影响。国家科技水平的发展能够提高政府领导人的决策水平和决策能力，使国家的对外行为的原则、目标和手段的选择建立在更为科学的基础之上，同时提高国民的素质和国民士气，增强国家的凝聚力，从而提高国家的综合国力等。

第三节　科技因素导致国际格局的重大变化

在国际关系中，科技、经济决定政治和外交，科技、世界经济是国际格局得以形成和发展的坚实基础。正如俄国著名理论家普列汉诺夫所说："生产力发展的每一个阶段都有与其相适应的自己的武器体系、自己的军事战略、自己的外交、自己的国际法。"①科学技术对国际格局的影响，是指科学技术的应用引起经济实力对比关系的改变，并且直接决定国际经济力量相互联系的结构状态，即世界经济格局，从而促使国际政治力量对比的消长变化，最后导致国际格局的改变，并且历史上每次科技革命都证明了这一点。诸如德国抓住第一次科技革命的机会，迅速发展经济，从而缩短了同英、法等先进国家的距离，跻身于欧洲强国之列，形成了由英、法、德诸强组成的以欧洲为中心的世界政治格局。美国充分利用第二次科技革命的成果推动了本国经济实力的增长，从而开始由地区性大国向全球性的大国演变，到第一次世界大战结束时已成为世界政治格局中的一支重要力量，从而在某种程度上改变了近代以来以欧洲为中心的世界政治格局的状况。战后发生的第三次科技革命，引起了某些国家经济实力和军事实力革命性的增长，从而导致了国际关系和国际格局根本性的变化。战后 50 多年来，美国一直保持着经济超级大国的地位，并在国际事务中发挥着举足轻重的作用，在很大程度上是美国重视科学技术的发明和应用的结果。据统计，战后世界上 65% 左右的科技成果和重大发明是美国研制成功的，75% 是美国首先付诸应用的。当今众多的科技著作和文献，40% 出自美国科学家之手。美籍学者在世界先导性自然科学和工程技术杂志上发表的论文数，占全世

―――――――――――――

①　颜声毅著：《当代国际关系》，复旦大学出版社 1999 年版，第 238 页。

界份额 1/3 以上。美国科学家获得诺贝尔奖的占获奖总人数的 55%。正是有了这种基础，美国成功地组织了"曼哈顿工程"、"阿波罗登月计划"、"大空飞行计划"、"战略防御计划"及"星球大战计划"、"信息高速公路"并正实施"国家导弹防御计划"和"战区导弹防御计划"等计划，其目的就是要夺取绝对的军事优势，带动美国高科技产业的发展，刺激其经济的增长，全面增强美国的综合国力，保持美国一超的霸主地位。二战结束后，苏联一直实行高度集中的计划管理体制，奉行"国防优先"的战略和军事技术领先的发展模式。这种体制和模式适应了当时科学技术发展的状况，从而推动了苏联科技进步、经济发展和军事实力的增强，使苏联在 20 世纪 60 年代末和 70 年代初发展成为与美国相抗衡的另一超级大国。20 世纪 70 年代中期以后，随着第三次科技革命进一步向深度和广度发展，苏联没有及时地调整和改革现行的高度集中的计划管理体制，以适应科技革命发展的需要，造成了苏联的技术进步开始停滞，特别是在信息技术、生物技术、新材料技术等高科技领域，从而导致了经济发展的缓慢，拉大了与美国等西方发达国家的距离，最终导致苏联的解体，两极格局的崩溃。当今世界经济、政治中形成的美、日、欧三极，日本和西欧经济实力的迅速提高和政治地位的增强，也应该是得益于第三次科技革命的推动。当然，随着越来越多的国家重视科学技术的发展和运用，必然会进一步造成世界经济发展的不平衡现象，从而导致政治格局的不平衡，最终会出现一个多极化的世界格局。

第四节　科技因素构成当今国际关系的新内容

当前，科学技术的发展给本已十分复杂的国际政治、经济、军事、文化等方面的关系带来了深刻的变化，并为其增添了新的内容，其主要表现如下：

首先，科技发展战略是国家对外战略的重要内容。战后科技发展的历史表明，科学技术是提高一个国家综合国力的关键性因素，在很大程度上决定了一个国家的兴衰成败。目前，第三次科技革命浪潮广泛而深入的发展，不仅使世界各国面临着严峻的挑战，而且提供了难得的发展机遇。各国纷纷调整科技发展战略，力图在世界高科技领域占有更大的优势。美国是当今世界上第一科技、经济和信息大国，为了保持美国在科技领域的领先地位，继续维持在 21 世纪世界格局中的"一超"地位，继"星球大战计划"以后，美国又推出了"国家信息基础设施"，并与西方国家建立了"全球信息基础设施"，加紧研制和试验"国家导弹防御计划"和"战区导弹防御计划"等。日本在 20 世纪 80 年代初确立了"科技立国"的战略，并于 1986 年又提出了"科技政策大纲"。目前日本正力图改变多年存在的"重应用轻基础"的科技战略，提出了"科技创新立国"的口号，并通过了《科技基本法》和《科技基本规划》，以及确立了"信息技术国家战略"等。西欧国家于 1985 年提出了"尤里卡计划"，1997 年 7 月发表了《2000年议程》，明确提出将建设知识化欧洲放在最优先地位，并批准了"电子欧洲"行动计划。俄罗斯也公布了"俄罗斯国家信息学说"。发展中国家的中国、印度和巴西等国都投入了一定的力量，争取在科技领域的某些方面取得突破性进展。

其次，科技因素成为国家对外行为的手段之一。"二战"结束以后，随着科技的发展和竞争的日趋激烈，并对国际政治影响的增大，各国政府纷纷认识到科技因素是提高综合国力的关键。为了在未来国际事务中立于不败之地，很多国家除了制定本国的科技发展战略外，还采取科技情报保密、科技产品出口管制和科技间谍等措施，并且利用科技手段实现国家的政治目的。一方面，国家之间通过正常的科技交流，能够促进彼此的科技水平的提高和经济实力的增强，从而增大国际发言权；另一方面，也可采用禁止技术出口等措施来限制对方的发展。例如 1949 年成立的巴黎统筹委员会，就是美国为了谋求世界霸权，限制社会主义国家的发展而设立的专门实施高技术及产品出口的国际性机构。另外，一些技术大国也经常采用技术援助和技术转让等手段，并附带种种经济和政治条件，对受援国政府施加影响或进行控制，以达到政治目的。

再次，科学技术的发展丰富了国际政治的新内容。科学技术的发明和应用推动了社会生产力的巨大发展，加速了世界经济的一体化和国际政治的全球化进程，使一国的政治经济发展日益同其他国家的政治经济发展联系在一起。科技的发展带来了通讯工具的快速和交通工具的便捷，使得地球上各国的距离日趋缩短，以至于地球上任何遥远角落里发生的事情都能迅速地传播和影响到全世界，整个世界因此而变得更加透明和更加连为一体，各国之间的相互依存程度进一步加深。此外，科学技术的发展进一步开拓了人类社会的新领域和新空间，诸如海洋资源和宇宙资源的开发、核能的利用等，但也产生了一系列经济和社会问题，诸如能源短缺、生态失衡、环境恶化、人口膨胀、粮食短缺、毒品泛滥、核扩散、艾滋病蔓延以及国际恐怖主义、宗教极端势力和民族分离主义等。这些问题的存在，单靠某个国家或某项技术进步已无济于事，只能在世界各国的相互交流和合作中才能得到解决，因为"相互依存这个词说明依存是双向的。在国家和其他国际行为者之间，它意味着一种相互影响的关系"。①

　　国际相互依存的深入发展使人的价值观念也发生了变化，并进而产生了世界范围内的普遍的政治运动和政治倾向，如绿色和平组织、环境保护运动、世界和平运动等组织。科学技术的发展一方面能给世界带来经济繁荣，改善人们的福利，促进国际合作，另一方面，少数发达国家的科技、经济、政治霸权也会进一步加强，发达国家与发展中国家也会产生新的矛盾、竞争乃至冲突，这一切应引起世人的关注。

---

　　①　[美]卡尔·多伊奇著：《国际关系分析》，世界知识出版社 1992 年版，第 200 页。

第七章　国际安全与国际政治

国际安全问题历来是国际政治理论研究的重要问题之一，并为各国政要和学者所广泛关注。近代以来出现的几种国际安全观诸如均势安全、集体安全和合作安全，是国际形势发展变化的产物，既在历史上的某一阶段起过一定的积极作用，也有明显的局限性。中国倡导的新安全观和总体国家安全观，顺应了时代发展的进步潮流，既能够维护中国人民的根本利益，又不违背世界人民的共同利益，更是有利于保障世界的和平与稳定，越来越为世界上绝大多数国家和人民所接受。

第一节　历史上的几种国际安全观

国际安全问题历来是国际政治研究的核心问题之一，尽管冷战后其范围日趋多样化、复杂化、层次化，经济和科技安全的地位更显突出，但国家安全的存在与维护，在相当长的时期内仍然是国际行为主体建立自身保障的主要基石。本书不可能面面俱到地研究安全问题全貌，只是把均势安全、集体安全和合作安全略作一比较，谈一谈笔者对这个问题的认识，以期更多的学者专家批评指正，使我国的国际安全理论研究更深入和完善。

笔者认为，均势安全和集体安全各有优劣，而其劣势是非常明显的，合作安全在一定程度上反映了世界安全发展的趋势，但其完全实现尚待时日，需要世界各国作出进一步的努力。

第一，均势安全。自从人类产生以来，冲突与战争就与之相伴随，并且这些冲突和战争给人类造成了巨大灾难。为了消除和避免国家之间的冲突与战争，各国政要和学者对国际安全模式进行了有益的探索，不乏有见地之说，但最有影响的还是均势安全、集体安全和合作安全模式，并且不同的安全模式体现了不同的安全观。

传统的均势安全或称之为均势，可以从两个方面加以理解：

首先，它是指国际关系中的一种力量对比状态，即国际关系中各种力量之间相互作用、相互制约，彼此实力大致均衡而形成的一种结构状态或格局。

其次，它是一种政策原则，即主权国家有意识地推行的一种维持或改变力量对比状况的战略或政策。均势是西方国家最古老的一项对外关系原则。早在15世纪末16世纪初，意大利历史学家伯纳尔·鲁塞就曾首次系统地阐述过均势原理。例如欧洲有关国家于1713年签订的《乌德勒支和约》第一次将均势词写入了正式文件，其后在1815年的维也纳会议之后，均势原则就成为欧洲主要资本主义大国对外关系中的最重要指导方针。丘吉尔曾在1936年指出，均势是"英国对外政策无意识的优良传统"。[①] 汉斯·摩根索也认为，在美国无法找到任何其他原则"来取代作为指导美国对外政策的均势原则"。[②]

传统的均势理论认为，保持一定的均势的主要目标有四项：即防止某一国家建立世界霸权；维持现有的国际体制或格局；保持体制内部的稳定和相互安全；以战争威慑来加强和延长和平。实现上述目标的主要方法有：军备竞赛、结盟、划分势力范围、外交谈判、分而治之、建立缓冲区和战争等。虽然均势是西方国家最古老的一项对外关系原则，但一直被西方大国或地区力量用来谋求自身的优势，反对或削弱他国的优势。在他们看来，均势实质上是一种"权力的分配"，又是一种"权力的竞争"。正如16世纪英国国防大学政治家卡迪纳尔·沃尔西所说：英国所奉行的这一重要原则，是要把优势保持在自己手中。20世纪初的英国外交家克劳也曾指出英国的维持均势战略，就是要使自己成为均势的维持者，从而决定均势的天平。在分析第一次世界大战以后的法国的外交战略时，英国政要哈乔·宿尔本指出，法国总理"克里孟校比任何协约国的领导人都更注重恢复欧洲的均势问题，并且作出了极大努力以争取一种使法国对德国处于绝对军事优势地位的和平局面"。[③] 英国曾长期推行均势外交，对欧洲大陆主要国家采取扶弱抑强的方式，使它们保持力量均衡并相互制约，自己则作为举足轻重的砝码，牢牢抓住战略上的主动权。美国学者尼古拉斯·斯巴克曼指出："真实的情况是，国家只对那些有利于自己的均衡感兴趣。它的目标不是平衡，而是相当大的优势，它们所要求的均衡是使其他国家

---

① ［英］温斯顿·丘吉尔著：《第二次世界大战回忆录》，麦克米伦出版公司1948年版，第208页。

② ［美］汉斯·摩根索著：《政治学的困境》，阿尔福雷德·诺夫出版社1980年版，第50页。

③ ［英］哈乔·霍尔本著：《欧洲的政治衰落》，汉米顿出版公司1954年版，第97页。

中立，而让自己自由地决定使用暴力或舆论。"①冷战结束以后，美国政治家基辛格指出，在欧洲，"确保欧亚大陆不被一个单一的权力中心所控制"，在亚洲，"我们必须起一种非常类似于英国在 19 世纪对欧洲所起的那种作用"。②

利用北约东扩制约俄罗斯和保持北约内部英法和德国相互牵制、保持均衡是美国的一项深思熟虑的战略安排，以便确保对欧洲事务的主导权。1997 年 9 月，美国出台了经过修改的"防卫合作指针"最终报告，该报告扩大了防卫范围，提高了日本在同盟中的地位和作用，借日本抑制中国，同时又与中国发展"战略协作伙伴关系"，在某种程度上也是为了牵制日本防其"越轨"而成为失去控制的政治、军事大国，确保美国在亚洲的领导地位。除此之外，东盟于冷战结束后在中、美、日之间也推行一种均势战略，其方式是在大国之间充当调节者，让彼此相互制约，以阻止任一大国在某一领域独大。在政治领域，东盟与中国配合，反对美国的"民主"、"人权"外交；在经济领域，东盟加强与日本合作，以抵消美国的影响；在军事领域，东盟强调美国在亚太军事存在的重要性，以便与中、日的军事力量相抗衡。

均势安全有一定的长处，如重视大国在维护安全方面的作用、对于地区或世界和平有时也能维持一段时间，但在实践中其不足之处也是显而易见的。其主要表现是：

一是均势安全是各国自发作用的结果，缺乏有效的运作机制，涉及对各方战略意图的正确估测不准就会引起各方关系的恶化，最终导致军备竞赛，从而造成地区或国际局势的紧张，甚至会发生战争。诸如无论是 1815 年以后维也纳体系下的欧洲均势，还是"一战"以后凡尔赛—华盛顿体系下的全球均势，都没有能够避免战争的爆发。东盟国家的"中国威胁论"，显然是对中国综合国力的提高和军队现代化的目标理解不够，加之西方的蛊惑而造成的。

二是均势安全是以有关各方的矛盾关系为前提的。冷战后的均势安全容易人为地制造对手，恶化国家之间的关系。例如美日加强军事同盟，则表明仍然没有摆脱互不信任和针对第三国的冷战思维，尽管美日做了各种各样的表白，采取一些"安抚策略"和"模糊战术"，但也不能消除内部的矛盾和猜忌以及其他国家的不安与疑虑，给有关国家的关系蒙上阴影。

三是均势安全的重点是军事领域。如东盟在中、美、日之间推行不同的战

---

① ［美］尼古拉斯·斯拜克曼著：《美国在世界政治中的战略》，纽约哥伦比亚大学出版社 1942 年版，第 21~22 页。

② ［美］亨利·基辛格著：《如何实现世界新秩序》，《时代周刊》1994 年 3 月 14 日。

略，但政治、经济、安全这三个领域并没有构成有机联系，它所维护的安全仍然是一种有限的、片面的安全，其作用方式也是竞争对抗性的，这已不符合当今国际安全发展的趋势，均势安全并不能消除各个领域的威胁，而且人为地制造紧张关系。有鉴于此，它并不能真正地维护世界以及地区的安全。

第二，集体安全。集体安全是指国家之间通过结成一定形式的联盟或集团，以维护和增进本国或集团成员的共同安全，损害或削弱其他国家或其他集团的利益和力量。集体安全常常是在自身实力不足以维护自己国家的安全或达到特定对外目标时，通过结盟并借助或联合其他国家的力量去达到自己目标的一种手段；或者是在自己自身已具有较强实力时，通过一些与自己相比较弱小的国家联合或结成集团，将其控制在自己手里，以进一步增强自身实力的一种手段。这是一种可控制性的安全模式，它所强调的是合作和有组织性，其过程的可把握性日益提高。集体安全模式的理论前提是，"设想国际法准则由国际社会的所有成员国来执行，不论它们在某一特定场合是否受到损害"，① 认为任何一个成员国所受到的侵略就是对所有成员国的侵略，并且侵略将受到绝对优势力量的反击。

集体安全也是一项古老的对外关系战略之一，例如中国古代就有"合纵"、"连横"之说等，希腊在古时期也曾建立过"近邻同盟"等。近代资本主义形成之后，集体安全便成为欧洲主要资本主义列强维护安全的重要形式，并贯穿于整个近代国际关系的历史之中。现代集体安全思想的重大实践者首推国际联盟，该组织的诞生被认为是体现了一种全新的安全观念和模式，相信它能制止侵略，避免战争。然而国联没有能够像想象的那样制止侵略，或者对侵略者进行有力的反击。1931 年国联未能阻止日本侵略中国，1935 年未能阻止意大利侵略阿比西尼亚，1938—1939 年又未能阻止德国侵略捷克斯洛伐克，更不能阻止第二次世界大战的爆发。国联失败有多方面的原因，因为它所通过的原则信条对所有成员国没有约束力，也没有有效的调控机制，特别是英法等大国缺乏诚意，自然它不能够像当初所设计的那样能够集中所有成员国的力量，对侵略者进行威慑，防止战争爆发。在国联教训基础上建立起来的联合国，在其宪章中宣称，采取有效集体措施，以防止且消除对于和平之威胁，制止侵略行为或其他和平之破坏。联合国宪章继承了集体安全的思想，并且在组织制度上有所发展。宪章赋予安理会以维持国际和平与安全的主要责任，要求各成员国通力合作并互相协助，以执行安理会所决定的集体措施。宪章赋予五大国拥有否

---

① ［美］汉斯·摩根索著：《国际纵横策论》，上海译文出版社 1995 年版，第 75 页。

决权，联合国集体安全机制所依赖的是大国的一致，安理会在断定和平是否受到了威胁、应采取何种措施阻止侵略时，五大国如果一致通过，就能够步调一致，防止侵略发生，维护世界和平。然而，二战以后，美苏尖锐对立，联合国发生作用的条件——大国一致，没能出现，联合国成为大国斗争的场所，在维护和平方面变得软弱无力，世界上战争和冲突从未间断过，联合国在很大程度上遭到了与国联一样的命运，集体安全又经历了一次不成功的实践。

尽管如此，但我们不能说集体安全毫无积极作用，例如它是一种控制作用机制，是一种有关安全的有组织的、有章可循的制度安排，甚至在某种特殊情况下联合国的集体安全措施仍具有一定的作用。例如 1990 年 8 月伊拉克入侵科威特时，安理会在短时间内为此连续通过了 12 项决议并采取了广泛的集体强制措施，五个常任理事国没有直接行使过一次否决权，尽管安理会表决时出现了弃权或默认。这是一次罕见的例外，因为伊拉克公然践踏联合国宪章有关原则，公然违反国际法准则，赤裸裸地入侵一个小国，引起了国际社会的公愤。但集体安全模式也存在严重缺陷，如过于理想化，它要求个体利益服从整体利益，这与国际社会的现实是不相符的，任何国家都不会拿本国的生存和安全作赌注，去为了集体利益而牺牲本国利益。集体安全模式仍强调存在着对手，这会人为地制造紧张关系，不利于地区和世界的和平与稳定；集体安全虽强调合作，但这种合作是相同志趣成员之间的合作，对付危险因素仍是对抗威慑，强调重点领域仍是军事方面，这与冷战后国际形势的发展趋势不相符合。

第三，合作安全。上述两种安全模式都存在精明显的不是，对于如何构建当代的安全模式，不同的学者提出了不同的主张，目前比较流行的，并逐渐被一些国家接受和实施的是合作安全的主张。

所谓合作安全，就是指某个地区或全球有关国家在安全事务上的合作，使各个国家的安全都得到保障，从而维护地区或世界的和平。合作安全是一种综合性的、共同性的安全，它涉及许多领域。除军事领域之外，还有经济、政治、环境等多方面的内容。较早提出"合作安全"的，是加拿大外长约·克拉克。他在 1990 年 9 月联合国大会上就提出了进行"北太平洋合作安全对话"的具体倡议，建议由北太平洋的七个国家即美国、苏联、韩国、朝鲜、日本、中国和加拿大进行前所未有的安全对话，进而培育某种东北或者北太平洋安全共同体，并得到了有关国家不同程度的响应。1993 年 9 月，澳大利亚外长埃斯在联合国发表重要演讲时，提出了"亚洲安全与合作会议"的倡议，他认为，合作安全表明的是磋商而非对抗，确保而非威慑，透明而非秘密，预防而非纠正，相互依存而非单边主义。合作安全在亚太地区较为成功的实践，便是1994 年创立的东盟地区论坛。由于它的出现，在亚太地区，多边安全对话第一次成了制度化的机制，并在短短的几年间就赢得了亚太地区大多数国家的支持和认同。它承认了世界多样性的现实，强调通过对话和磋商达成共识，而不是动辄通过决议强行要参加国接受。东盟地区论坛的发展进程，使建立信任措施、预防性外交、建设性干预等思想得到了不同程度的发展。经历多年对外交往的实践，特别是冷战结束以来的逐步调整变化，我国的新型安全观已基本形成，其主要内容是：新型安全观应以和平共处五项基本原则、联合国宪章和其他公认的国际法准则为基础；主张彻底摒弃冷战思维，强调国家不分大小强弱、贫富一律享有平等的安全权利，反对把本国的安全建立在威胁和削弱别国安全的基础上；主张安全应具有合作性、综合性和全球性，重视联合国在维护国际安全方面的首要责任，反对任何军事集团、军事同盟超越联合国的图谋。值得一提的是，1997 年 4 月，中、俄、哈、吉、塔五国签订了边境互信和裁军协定，开创了一种在相互信任、不结盟、不针对第三国的基础上，通过加强合作协商实现相互安全的新安全观和新安全模式，从而赢得了世界舆论的广泛赞誉，收到了积极的效果。

毋庸讳言，合作安全模式诞生的时间不长，还有一些需要进一步探讨的问题，例如是建立有效的作用机制还是非正式的和灵活的过程，是否能消除有关国家的不信任感，虽然这种安全模式强调合作协商，但国家利益仍是各国制订对外政策的依据，是各国国际行为的动因，因而在涉及国家利益时，各国是不会轻易让步的。例如南沙群岛问题，有关各方面加强了交流、协商、谈判，但分歧、争执仍然存在，并在如何有效地应付突发事件问题，例如东南亚金融危机就没有得到有关各方共同的及时的处理。尽管合作安全还存在以上这些问题，还需要进一步加以完善，但它的建立是与冷战后世界多极化发展趋势相适应的，并已显示了它的生机和活力。建立合作性的安全，是比均势、集体安全等更为可取和有效地维护国际和平的途径。它意味着摒弃对抗和威慑，各国走到一起，互相尊重，互不施压，合作各方的地位是平等的，并不认为存在着明确的对手。合作安全模式主张尽最大可能寻求共同利益，并通过对话缩小分歧，由低级到高级逐步强化合作，共同确立规则，对付人类的共同威胁，诸如大规模杀伤性武器扩散、跨国犯罪、环境恶化和国际恐怖主义等。如果合作安全模式的优越性能得到充分的发挥，并得到世界上绝大多数国家的认同和赞许，则 21 世纪的世界和平与安宁，可望得到长期维持。

第二节　新的国家安全观

中华人民共和国成立以后，为了给我国的经济建设创造一个和平的国际环境和良好的周边环境，我们党和国家领导人就非常注重我国的安全建设，并提出了许多积极的主张。中共十一届三中全会以后、特别是冷战结束以来，国际形势发生了深刻的变化，和平与发展是当今时代的主题，大规模的世界大战是可以避免的，国际局势出现了缓和的趋势。但是由于霸权主义和强权政治的存在并有新的表现，国际政治经济旧秩序的负面影响，再加上全球非传统安全威胁增加等，我国几代领导人通过总结历史经验，不失时机地提出了新安全观思想。这种新安全观思想是中国特色社会主义外交理论体系的重要组成部分，是毛泽东、邓小平国际政治思想的继承和发展，是中华人民共和国成立以后特别是中共十一届三中全会以来我国外交实际经验的理论总结之一，是当前以及今后一个时期我国努力推动国家安全建设的指导思想。

第一，中华人民共和国一贯重视新安全建设。中华人民共和国成立后，为了给我国的经济建设创造一个良好的国际环境，我国几代领导集体就十分注重新安全观的建设问题。以毛泽东同志为核心的第一代领导集体，虽然没有明确提出新安全观的概念，但他们的外交理论与实践，包含了我们今天主张推进新安全观建设的很多内容。

首先，毛泽东同志认为，中国需要一个和平的建设环境。他指出："中国是一个农业国，要变为工业国需要几十年，需要各方面的帮助，首先需要和平环境。经常打仗不好办事，养许多兵是会防碍经济建设的……我们要继续创造一个和平的国际环境。"①"我们现在正执行五年计划……如果发生战争，我们的经济和文化计划都要停止。"②"只要有 50 年的和平，我们便可进行十个五年计划。"③

其次，毛泽东同志断言，新的世界大战打不起来。他指出："第二次世界大战刚刚打完，怎么就可能打第三次世界大战呢？资本主义国家和社会主义国家在许多国际事务上，还是会妥协的，因为妥协有好处。"④"苏联及全世界人

---

① 《毛泽东外交文选》，中央文献出版社 1995 年版，第 160 页。
② 《毛泽东外交文选》，中央文献出版社 1995 年版，第 173 页。
③ 《毛泽东外交文选》，中央文献出版社 1995 年版，第 206 页。
④ 《毛泽东外交文选》，中央文献出版社 1995 年版，第 53 页。

民能够动员力量制止战争，美英反动派对战争也未准备好，我们可以争取时间制止战争。"①因此，"世界战争危险必须而且必能克服。"②

再次，毛泽东明确了对待战争的态度。第一，对于战争"我们不要打，而且反对打"。③ 因为"我们现在只有手榴弹跟山药蛋。氢弹、原子弹的战争当然是可怕的，是要死人的，因此，我们反对打"。④ 第二，"我们不怕打，要打就打"，"这个决定权不操在我们手中，帝国主义一定要打，那么我们就得准备一切，全民皆兵……打了再建设"。⑤ 第三，毛泽东同志第一次提出了裁军和建立集体安全体系的设想。他希望美国"不要搞东南亚条约，这是违反历史的，要搞就搞集体和平公约"。⑥ "让我们大家统统解除武装，我们自己的几个兵也都不要了。让我们中、苏、英、法这些亚洲和欧洲的国家倡议一下，向美国提出这个建议。"⑦

最后，毛泽东提出三个世界划分的理论，号召亚非拉第三世界国家团结起来，并联合第二世界，共同建立反对美苏霸权主义的国际统一战线等。

中共十一届三中全会以来，以邓小平同志为核心的第二代领导集体，对新的安全观作出了新的贡献，其主要表现是：

一是，科学地确定了时代主题。邓小平指出："现在世界上真正大的问题，带全球性的战略问题，一个是和平问题，一个是经济问题或者说是发展问题。和平问题是东西问题，发展问题是南北问题。概括起来，就是东西南北四个字。南北问题是核心问题。"⑧这一论断，为我们党和国家调整内外政策，提供了科学的理论指导，具有划时代的意义。

二是，世界大战在短期内打不起来。邓小平认为，美、苏两家原子弹多，都有毁灭对手多次的核力量，谁都不敢先动手；世界和平力量的增长超过了战争力量的增长；世界经济、科技竞争日益突出，在国际关系中的地位上升。"由此得出结论，在较长时间内不发生大规模的世界战争是有可能的，维护世

① 《毛泽东外交文选》，中央文献出版社 1995 年版，第 68 页。
② 《毛泽东外交文选》，中央文献出版社 1995 年版，第 69 页。
③ 《毛泽东外交文选》，中央文献出版社 1995 年版，第 347 页。
④ 《毛泽东外交文选》，中央文献出版社 1995 年版，第 347 页。
⑤ 《毛泽东外交文选》，中央文献出版社 1995 年版，第 347 页。
⑥ 《毛泽东外交文选》，中央文献出版社 1995 年版，第 162 页。
⑦ 《毛泽东外交文选》，中央文献出版社 1995 年版，第 162 页。
⑧ 《邓小平文选》第 3 卷，人民出版社 1993 年版，第 105 页。

界和平是有希望的。"①这个论断为我国制定正确的路线、方针、政策，提供了科学的依据，导致中国扭转了过去实行的半军事经济体制战略，使国内经济转到和平建设的轨道上来。

三是，和平与战争的主要问题是反对霸权主义。邓小平认为，超级大国的霸权主义是战争的根源，打世界大战的只有两个超级大国有资格，别人没有资格。他指出："国际形势有一个战争问题，美苏两家打不起来，就没有世界大战。"②因此"要争取和平就必须反对霸权主义，反对强权政治"。③

四是，要和平必须进行裁军。邓小平在裁军问题上的态度有一个变化的过程。在 20 世纪 70 年代中期，邓小平对美苏的裁军和缓和持批评态度，认为他们不彻底，欺骗性大，远不如中国曾宣布的不首先使用核武器和主张各国彻底销毁核武器的立场意义大。到 80 年代中期，邓小平对美苏裁军开始持较积极的立场，认为美苏就裁军达成协议，可以起到缓和世界局势的作用，虽然"不抱太大的希望，但认为减少一些核武器总是好的，当然最好是两家就不首先使用核武器和彻底销毁核武器达成协议，这才能让世界人民放心"。④ 中共十一届三中全会以后，基于对世界和平与战争作出的新判断，邓小平在 1985 年宣布中国军队裁减员额 100 万，以实际行动表明中国不参加军备竞赛和维护世界和平的决心。

五是，发展与和平密不可分。邓小平同志非常强调发展，特别是发展中国家的发展，对维护世界和平和制止战争所起的作用。他指出："如果下一个世纪五十年里，第三世界包括中国有一个可喜的发展，整个欧洲有一个可喜的发展，我看那个时候可以真正消除战争的危险，"⑤尤其是"中国发展得越强大，世界和平越靠得住"，"如果说中国是一个和平力量、制约战争的力量的话，现在这个力量还小。等到中国发展起来了，制约战争的和平力量将会大大增强"。⑥

中共十三届四中全会以来，以江泽民同志为核心的第三代领导集体，在对外交往实践中，完整系统地阐述了我国倡导的新安全观思想，进一步丰富和发

---

① 《邓小平文选》第 3 卷，人民出版社 1993 年版，第 127 页。
② 《邓小平文选》第 3 卷，人民出版社 1993 年版，第 319 页。
③ 《邓小平文选》第 3 卷，人民出版社 1993 年版，第 56 页。
④ 叶自成著：《新中国外交思想：从毛泽东到邓小平》，北京大学出版社 2001 年版，第 105 页。
⑤ 《邓小平文选》第 3 卷，人民出版社 1993 年版，第 233 页。
⑥ 《邓小平文选》第 3 卷，人民出版社 1993 年版，第 105 页。

展了毛泽东、邓小平关于新安全观建设的理论和实践。江泽民同志指出："新安全观的核心，应该是互信、互利、平等、协作。"①互信是指超越意识形态和社会制度的差别，互不敌视，它是新安全观的前提，是维护和平的政治基础。它以联合国宪章的宗旨和原则、和平共处五项原则以及其他公认的国际法准则为基础。互利合作、共同发展，是维护和平的经济保障。在平等基础上开展对话、协商和谈判，是解决争端、维护和平的正确途径。其特点正如江泽民同志指出："安全必须是各国的普遍安全，国家无论大小、贫富、强弱，都有享受安全的平等权利。"②而安全必须是包括政治安全、军事安全、经济安全、文化安全、信息安全、环境安全等在内的综合安全，单个国家的安全与国际乃至全球安全紧密相联，安全主体已不再局限于国家，而是扩大到了个人、群体、集团、社会乃至全球，并且"任何国家都不能把自己的安全建立在损害他国安全的基础上"③。

党的第三代领导集体倡导的新安全观，是以实现真正的持久和平为宗旨，服务于 21 世纪和平与发展这两大主题的，它同冷战安全观根本对立，必然会受到霸权主义和强权政治的抵制和反对，但它的伟大作用和强大生命力必将最终取得国际社会的共识。

第二，新安全观建设的必要性。当前，国际形势总体上趋向缓和，和平与发展仍是当今时代的主题；世界多极化和经济全球化趋势的迅速发展，给世界和平与发展带来了新的机遇和有利条件；新的世界大战在可预见的时期内打不起来，世界各国争取较长时期的国际和平发展环境是可以实现的。但由于以下一系列重要原因的存在，致使树立新安全观思想就显得十分必要：

一是，霸权主义和强权政治的存在。霸权主义和强权政治的存在是阻碍世界和平与发展的最主要障碍。当前，霸权主义和强权政治不仅没有收敛，反而正如江泽民同志指出"有新的表现"。④ 在政治上，以维护"自由"、"民主"、"人权"为名，向社会主义国家和发展中国家发动新的冷战，企图把自己的社会制度、经济模式和价值观念强加于人，肆意干涉别国内政；在经济上，利用经济全球化趋势，仰仗不公正、不合理的国际经济旧秩序的存在，凭借经济、贸易、金融、科技等优势，在世界各地进行经济渗透，企图建立经济霸权；在

---

① 《江泽民论有中国特色社会主义》，中央文献出版社 2002 年版，第 540 页。
② 《江泽民论有中国特色社会主义》，中央文献出版社 2002 年版，第 541 页。
③ 《江泽民论有中国特色社会主义》，中央文献出版社 2002 年版，第 535 页。
④ 《江泽民论有中国特色社会主义》，中央文献出版社 2002 年版，第 541 页。

军事上，以打击恐怖主义为名，大力推行新干涉主义和"先发制人"，甚至绕过联合国，违背公认的国际关系准则，对主权国家大打出手；在文化上，凭借大众传媒工具和文化交流，向别国进行文化渗透，甚至利用文明差异大做文章，企图挑起不同文明之间的冲突等。所有这一切不仅严重地恶化了世界局势，而且使当前及未来世界充满了不少变数。

二是，国际经济旧秩序还在损害发展中国家的利益。国际经济旧秩序的存在，是帝国主义时代殖民政策的产物和表现。二战结束以后，广大殖民地、半殖民地国家纷纷获得独立，旧的殖民体系土崩瓦解。虽然当前经济全球化迅速发展，世界各国相互依存加深，但是发达国家仍然采用新殖民主义手段，凭借跨国公司和受它们控制的国际经济组织，加紧向发展中国家进行经济渗透和扩张，力图维护国际经济旧秩序，损害发展中国家利益。具体做法是：在国际生产领域，利用不合理的国际分工使发展中国家在资金、技术、工业制成品和消费品等方面严重依赖发达国家，在世界范围内保持发达国家技术、资金、工业制成品中心和发展中国家原料产地、商品销售市场、劳动密集型产品的国际生产格局；在世界市场上，通过垄断价格对发展中国家进行不等价的商品交换，牟取暴利；在国际货币金融体系方面，发达国家利用其占主导地位的组织原则和表决权，几乎使符合它们利益的大多数提案都能够获得通过。此外，发达国家还极力推销他们的社会制度、发展模式和价值观念，企图通过经济全球化实现资本主义的一统天下。以上一系列做法，不仅会损害发展中国家的经济主权，导致南北差距的进一步扩大，并进而对发展中国家的主权形成严峻挑战，其结果正如江泽民同志指出："这不仅不利于全球经济健康发展，也不利于地区和世界的和平与稳定。"①

三是，历史经验总结。江泽民同志指出："上个世纪，人类经历了两次世界大战的浩劫，也经历了冷战对峙的磨难，付出了巨大代价。"②第一次世界大战期间，同盟国和协约国共动员了7300多万人参战，到大战结束时，其中阵亡人数超过了1000万，相当于过去一千年间欧洲发生的所有战争中死亡的总人数，受伤人数超过了2000万，失踪人数500万，由战争引起的饥饿、灾难而死亡的人数，也以千万计。大战的直接和间接的战费高达3311亿美元，比1793—1907年欧洲历次战争总和还多10倍。至于战争对厂矿、田园、城市的

---

① 江泽民：《全面建设小康社会，开创中国特色社会主义事业新局面》，人民出版社2002年版，第47页。

② 《江泽民论有中国特色社会主义》，中央文献出版社2002年版，第541页。

破坏更是骇人听闻；第二次世界大战历时八年多，是人类历史上迄今为止规模最大的战争。其参战的国家和地区达60多个，波及面积2200万平方公里。转入战争的人口达20亿，占当时世界总人口4/5，动员的武装力量总人数约1.1亿人。二战的破坏力量是空前的，据不完全统计，参战国军队伤亡总数约5000万以上，再加上平民，伤亡总数达9000万。经济损失也是巨大的，参战国的军费开支约1.17万亿美元，再加上财政消耗、物资损失，总数达4万亿美元左右，社会生产力倒退了几十年；二战结束后，以美苏对抗和两大集团对峙为主要特征的冷战的展开，给人类社会的发展造成了严重的后果。冷战把国际社会分裂开来，使之相互对立、仇恨，而不能进行正常的往来和有效的合作，解决人类面临的共同问题；冷战把大量的人力、物力、财力以及最新的科学技术投入无休止的军备竞赛中去，使世界各国人民饱受核武器和常规武器的威胁之苦；冷战造成各国经济相互对立与封锁，使科学技术的发展创造不能更快地运用于工农业生产，从而造成人民的生活水平得不到应有的提高；冷战期间不时爆发的热战，导致数以千万计的平民百姓抛尸战场，无数国民财富消耗在战争之中等。有鉴于此，江泽民同志指出，"和平不能依靠武力来实现，更不能依靠军事同盟来维持，""强化和扩大军事同盟只会制造更多的不稳定因素，损害国家安全"。① 因此，国际社会必须建立适应时代需要的新安全观，并积极探索维护和平与安全的新途径。

四是，非传统安全威胁增加。当前，影响和平与发展的不确定因素在增加，由民族、宗教、领土、资源等传统安全问题引发的冲突时起时伏，更有甚者，正如江泽民同志指出："恐怖主义、贫困、环境恶化、毒品等非传统安全问题更趋突出。"② 这些非传统安全问题，在相互依存的时代，具有相互关联性。就其空间范围来讲，他们不是某个国家存在的个别问题，而是关系到整个人类利益的重大问题，具有全球性；就其影响程度来讲，它们不是世界范围内短期存在的一般问题，而是严重威胁到人类社会生存和可持续发展的一系列重大问题，具有非常严重的紧迫性。除了以上特点外，非传统安全威胁还具有动态性、复杂性、全面性、超意识形态性等特点，难以用传统安全观加以审视，它们的最终有效解决正如江泽民同志指出："不仅要靠各国自身的努力，还需要国际上的相互配合和密切合作。"③

---

① 《江泽民论有中国特色社会主义》，中央文献出版社2002年版，第523页。
② 《江泽民论有中国特色社会主义》，中央文献出版社2002年版，第535页。
③ 江泽民：《共同创造一个和平繁荣的新世纪》，2002年4月10日《人民日报》。

五是，为我国的经济建设创造一个和平稳定的国际环境需要。全面建设小康社会、基本实现现代化，需要一个和平稳定的国际环境特别是良好的周边环境，这已为改革开放以来我国经济建设取得的巨大成就所证明，而新安全观的建立是实现这个目标的有力保证。十一届三中全会以来，由于我们始终不渝地奉行独立自主的和平外交政策，在和平共处五项原则的基础上，我们与发达国家的关系、发展中国家的关系以及周边国家的关系都有了不同程度的改善和发展，我国的国际国内环境是中华人民共和国成立以来最好的时期。但影响我国经济建设发展环境的负面因素依然存在，在国际上霸权主义和强权政治的存在并且有新的表现，传统安全威胁和非传统安全威胁相互交织，恐怖主义上升，因民族、宗教、领土等因素引发的冲突时起时伏等；在我国周边有可能引发动荡和冲突的因素有朝核问题、钓鱼岛问题、台湾问题、南海争端问题、印巴之间的克什米尔问题等。如果用冷战安全观处理上述问题，势必会引起矛盾、冲突甚至战争。有鉴于此，江泽民同志指出，"国际社会应树立互信、互利、平等、协作为核心的新安全观，努力营造长期稳定、安全可靠的国际和平环境"，才能确保世界的和平和促进各国的发展。

第三，积极推动新安全观建设。树立新的安全观顺应和平与发展的时代潮流，是建立公正、合理国际新秩序的必要条件，同时也是国际社会特别是广大发展中国家的普遍愿望和共同追求。有鉴于此，党的第三代领导集体积极推进新安全观建立的战略，这就是：

一是，恪守联合国宪章的宗旨和原则及其他公认的国际法准则。江泽民同志指出："宪章就是一部国与国关系的指南，为我们指明了应循之路，各国都应该严格照章办事。"宪章的宗旨和原则是联合国的最高纲领，是维护国际和平和安全的政治基础。这些宗旨和原则高度概括了当今国际关系中必须遵循的基本原则，是对旧的国际关系准则的彻底否定和批判，反映了国际关系的本质要求，符合世界上大多数成员国的普遍愿望和共同利益，成为公认的国际关系准则。国际关系的实践表明，只要恪守联合国宪章的宗旨和原则，社会制度不同的国家也可以和平共处、相安无事；反之，社会制度相同的国家也会发生矛盾、冲突甚至战争。此外，中国提出的和平共处五项原则，经受了国际风云变幻的考验，丰富了当代国际法内涵，显示了普遍实用性，各国也应该遵守。再者，其他公认的国际关系准则与联合国宪章的宗旨和原则及和平共处五项原则的精神是并行不悖的，各国也不应违背。

二是，积极推进国际关系民主化。所谓国际关系民主化，正如江泽民同志指出："就是各国的事情要由各国人民作主，国际上的事情要由各国平等协商，全球性的挑战要由各国全作应对。"具体而言，就是各国有权根据自己的国情选择社会制度、意识形态和价值观念，别国无权干涉；国家不分大小、强弱、贫富，都是国际社会的平等成员，都有平等地参与世界事务的权利，任何国家都不应该谋求霸权或推行强权政治；国际争端应由有关国家平等协商，通过和平谈判解决，任何国家都不应诉诸武力或以武力相威胁；各国的经济交往应遵循平等互利、共同发展的原则，反对经济交往中歧视性政策和贸易保护主义，更反对动辄对别国进行经济制裁；国际反恐斗争要遵守联合国宪章的宗旨和原则及其他公认的国际关系准则，充分发挥联合国安理会的作用，不能搞双重标准，更不能变相干涉别国内政，一切反恐行动要有利于维护地区及世界和平的长远利益等。

三是，正确引导经济全球化的发展方向。当前，经济全球化在世界范围内迅速发展，它是科技进步和社会生产力发展的客观要求和必然结果，给各国的发展带来了新的机遇。经济全球化有利于资本、技术、知识、劳动力等生产要素在全球范围内优化配置；有利于包括中国在内的发展中国家从发达国家引进资金、技术、人才和先进管理经验；有利于发展中国家和发达国家优势互补，推动世界生产力的发展。但是经济全球化是一把双刃剑，它给各国各地区提供新的发展机遇的同时，也提出了新的挑战。因为经济全球化是由发达国家主导、在国际经济旧秩序没有根本改变的情况下进行的，势必会使发展中国家总体上处于不利地位，导致南北差距的进一步扩大，并有可能引起有些发展中国家的内部冲突，进而对发展中国家的主权安全形成严峻挑战。正如江泽民同志指出："如果广大发展中国家得不到安全，整个世界也就不可能安全。"①因此，国际社会应该正确引导经济全球化的发展方向，特别是发达国家应该本着平等互利、相互尊重的原则，在提供资金、转让技术、减免债务等方面切实帮助发展中国家增强自我发展的能力，这不仅是实现各国共同发展的需要，也是维护世界和平与稳定的要求。同时，南北国家应当求同存异、开展对话、避免对抗，以实现共存共赢的目的，为新安全观的建立奠定坚实的基础。

四是，应尊重世界的多样性。多样性是世界的客观现实，江泽民同志指出："世界上约有二百个国家，无论是社会制度、价值观念和发展模式，还是历史传统、宗教信仰和文化背景，都存在着差异……没有多样化，就不称其为世界。"②多样性是世界充满活力的原因，也是人类文明进步的动力。各个国家

① 《江泽民论有中国特色社会主义》，中央文献出版社2002年版，第541页。
② 《江泽民论有中国特色社会主义》，中央文献出版社2002年版，第526页。

和民族在其发展过程中，创造了各具特色的文明，这些不同文明的存在，不应该成为双方发展友好合作关系的障碍，而应该在平等的基础上开展对话和交流，在比较中取长补短，在合作中求同存异，在丰富和发展自己文明的同时，推动人类文明走向新的繁荣。那种认为本民族文明至上，鄙视甚至排斥其他文明，利用文明差异大做文章，企图挑起不同文明之间冲突的做法，是错误的，它不利于世界文明的进步，更会危害世界的和平和安全。

五是，"上海合作组织"是我国倡导新安全观的率先垂范。党的第三代中央领导集体不仅在各种国际场合强调树立新安全观的坚定立场，而且以实际行动作出了证明。例如，在中国的倡导下，2001年6月在"上海五国"基础上成立的"上海合作组织"，向全世界庄严承诺，将严格遵守《联合国宪章》的宗旨和原则，致力于加强成员国的相互信任、睦邻友好，加强成员国在政治、经贸、科技、文化、教育等领域的有效合作，共同维护和保障地区的和平、安全与稳定，推动建立民主、公正、合理的国际政治经济新秩序。"上海合作组织"首倡了以相互信任、裁军与合作安全为内涵的新型安全观，丰富了以不结盟、不对抗、不针对第三国为核心的新型国家关系，提供了以大小国共同倡导、安全先行、互利协作为特征的新型区域合作模式。它不仅有效地维护了我国西北边陲的安全，保持了中亚地区的稳定，而且为国际社会建立新安全模式树立了光辉典范。

党的第三代中央领导集体关于建立新安全观的思想，受到了广大发展中国家的普遍赞赏，也得到了部分发达国家的认同，尽管最终实现这一目标任重而道远，中国将一如即往地和世界各国一道，为这一目标的早日实现而作出自己的不懈努力。

第三节 总体国家安全观

统筹发展和安全，增强忧患意识，做到居安思危，是我们党治国理政的一个重大原则。党的十八大以来，以习近平总书记为核心的党中央创造性提出了总体国家安全观的系统思想，成为维护我国国家安全的行动纲领和科学指南。党的十九大将坚持总体国家安全观纳入新时代坚持和发展中国特色社会主义的基本方略，并写入党章。总体国家安全观以一系列紧密联系、相互贯通的基本观点，科学回答了中国这样一个发展中的社会主义大国如何维护和塑造国家安全的一系列基本问题，标志着我们党对国家安全基本规律的认识达到了新高度。

第一，国家安全是维护国家长治久安的根本保证。国家安全是人民幸福安康的基本要求，是安邦定国的重要基石，因而维护国家安全是全国各族人民的根本利益所在。正如习近平总书记强调："我们党要巩固执政地位，要团结带领人民坚持和发展中国特色社会主义，保证国家安全是头等大事。"

"安而不忘危，存而不忘亡，治而不忘乱。"进入新时代，我国面临复杂多变的安全和发展环境，各种可以预见和难以预见的风险因素明显增多，各方面风险可能不断积累甚至集中显现，国家安全内涵和外延比历史上任何时候都要丰富，时空领域比历史上任何时候都要宽广，内外因素比历史上任何时候都要复杂，维护国家安全的任务更加繁重艰巨。必须审时度势、与时俱进，创新国家安全理念，统揽国家安全全局，坚持总体国家安全观，走出一条中国特色国家安全道路。

坚持总体国家安全观，适应了进行具有许多新的历史特点的伟大斗争的新要求。当前，我国比历史上任何时期都更接近实现中华民族伟大复兴的目标，迎来了大有可为的历史机遇期，前景十分光明，但风险挑战也十分严峻。在新的历史起点上，必须时刻准备应对各种风险考验，必须进行伟大斗争、建设伟大工程、推进伟大事业、实现伟大梦想。这既对国家安全工作提出了新挑战，也为做好国家安全工作提供了新机遇。坚持总体国家安全观，归根到底是为了更好维护我国发展的历史机遇期，确保中华民族伟大复兴进程不被迟滞或打断。

坚持总体国家安全观，回应了人民对国家安全的新期待。在新时代，人民希望国家更加强大，更有力地维护国家统一和民族团结；希望党和政府更加主动作为，更有效地保护生命财产安全；希望着力解决空气、水、土壤污染以及农产品、食品药品安全等突出问题。党的十九大作出新时代我国社会主要矛盾发生变化的新论断，明确将安全作为人民美好生活需要的重要内容。这是对历史、现实、未来的深刻洞察。有了安全感，获得感才有保障，幸福感才会持久。国家安全工作，归根结底是保障人民利益，为群众安居乐业提供坚强保障。

坚持总体国家安全观，顺应了世界发展变化的新趋势。当今世界正处在大发展大变革大调整时期，充满希望，也充满挑战。和平与发展仍然是时代主题。世界多极化、经济全球化、社会信息化、文化多样化深入发展，全球治理体系和国际秩序变革加速推进，各国相互联系和依存日益加深，国际力量对比更趋平衡，和平发展大势不可逆转。同时，世界面临的不稳定性不确定性突出，世界经济增长动能不足，贫富分化日益严重，地区热点问题此起彼伏，恐怖主义、网络安全、重大传染性疾病、气候变化等非传统安全威胁持续蔓延，人类面临许多共同挑战,没有哪个国家能够置身事外、独善其身,妄自尊大或独善其身,只能四处碰壁。"单丝不线,孤掌难鸣。"只有坚持共同、综合、合作、可持续的新安全观,同心协力应对各种问题,才能实现共享正义尊严、共享发展成果、共享安全保障。

第二,正确理解和把握总体国家安全观。习近平指出:"坚持总体国家安全观,必须坚持国家利益至上,以人民安全为宗旨,以政治安全为根本,统筹外部安全和内部安全、国土安全和国民安全、传统安全和非传统安全、自身安全和共同安全,完善国家安全制度体系,加强国家安全能力建设,坚决维护国家主权、安全、发展利益。"这一重大论断,准确把握新时代国家安全形势变化的新特点新趋势,深刻揭示了总体国家安全观的原则要求和丰富内涵。

坚持统筹发展和安全两件大事。这是治国理政的一个重大原则,也是推进国家安全工作的必然要求。安全和发展是一体之两翼、驱动之双轮。发展是安全的基础。建立在发展基础上的安全才更可靠、更持续。要从国情出发,坚持发展是解决中国一切问题的关键,坚持在改革发展中促进国家安全,增强发展的全面性、协调性、可持续性,从源头上预防和减少安全问题的产生。安全是发展的保障。一个国家选择什么样的国家安全战略,决定了这个国家生存、发展与兴盛之路。实施发展和安全并重的国家安全战略,既要善于运用发展成果夯实国家安全的实力基础,又要善于塑造有利于经济社会发展的安全环境,做到坚持发展不停步、维护安全不懈怠。

坚持人民安全、政治安全、国家利益至上有机统一。人民安全是国家安全的宗旨,政治安全是国家安全的根本,国家利益至上是国家安全的准则。以人民安全为宗旨,就是要坚持以人民为中心,维护人民根本利益,保障人民当家作主各项权利,保障人民生命财产安全和其他合法权益,为人民创造良好生存发展条件和安定生产生活环境。以政治安全为根本,就是要坚持党的领导和中国特色社会主义制度不动摇,把制度安全、政权安全放在首要位置,为国家安全提供根本政治保证。以国家利益至上为准则,就是要把国家利益作为制定国家安全战略的出发点,牢固树立捍卫国家利益的机遇意识,强化捍卫国家利益的底线思维,创新捍卫国家利益的方式方法,更坚决更有效地维护好捍卫好国家利益尤其是核心利益。习近平总书记强调:"要坚持人民安全、政治安全、国家利益至上的有机统一,实现人民安居乐业、党的长期执政、国家长治久安。"

坚持维护和塑造国家安全。这是新时代国家安全的基本定位。塑造是更高层次更具前瞻性的维护。当前我国正处于中华民族伟大复兴的关键阶段,也处于从发展中大国迈向社会主义现代化强国的关键时期。新时代国家安全，既要解决好大国发展进程中面临的安全共性问题，更要处理好中华民族伟大复兴关键阶段面临的特殊安全问题。要立足国际秩序大变局来把握规律，立足防范风险大前提来谋划思路，立足我国发展历史机遇期大背景来统筹工作，做到国家利益延伸到哪里、安全保障就跟进到哪里，为国家发展创造良好外部安全环境。

坚持科学统筹的根本方法。坚持总体国家安全观，要求始终把国家安全置于中国特色社会主义事业全局中来把握，充分调动各方面积极性，形成国家安全合力。要统筹外部安全和内部安全，对内求发展、求变革、求稳定，建设平安中国；对外求和平、求合作、求共赢，维护世界和平与发展。统筹国土安全和国民安全，坚持以民为本、以人为本，坚持国家安全一切为了人民、一切依靠人民，真正夯实国家安全的群众基础。统筹传统安全和非传统安全，构建集政治安全、国土安全、军事安全、经济安全、文化安全、社会安全、科技安全、网络安全、生态安全、资源安全、核安全、海外利益安全等于一体的国家安全体系。统筹自身安全和共同安全，构建人类命运共同体，推动各方朝着互利互惠、共同安全的目标相向而行。

第三，维护重点领域国家安全。习近平总书记强调："前进的道路不可能一帆风顺，越是前景光明，越是要增强忧患意识，做到居安思危，全面认识和有力应对一些重大风险挑战。"要聚焦重点，抓纲带目，着力防范各类风险挑战内外联动、累积叠加，不断提高国家安全能力。

全面贯彻落实总体国家安全观，着力推进新时代国家安全事业全面发展进步，维护重点领域国家安全是主阵地、主战场。要把确保政治安全作为首要任务，从维护政治安全高度谋划和推进各重点领域国家安全工作；以防控风险为主线，既要防控本领域主要安全风险，又要防范不同领域安全风险叠加共振；落实国家安全政策，织密国家安全网。当前和今后一个时期，要着重抓好政治安全、国土安全、经济安全、社会安全、网络安全、外部安全等重点领域的国家安全工作。

维护政治安全。政治安全攸关党和国家安危，是国家安全的根本。坚持中国共产党领导，坚持社会主义制度，确保党执政安全，是维护政治安全的根本任务。习近平总书记强调，意识形态领域是争夺"制脑权"的没有硝烟的战场。各种敌对势力从来没有停止对我国实施西化分化战略，从来没有停止对中国共产党领导和我国社会主义制度进行颠覆破坏活动。要切实加强意识形态工作，牢牢掌握意识形态领域的领导权和话语权，坚定"四个自信"，推动习近平新时代中国特色社会主义思想深入人心。敌对势力在我国策划"颜色革命"的战略图谋是长期的。要时刻保持头脑清醒，不能放松警惕，坚决防范和抵御"颜色革命"，坚决遏制西方敌对势力渗透颠覆破坏活动。维护政治安全，要始终坚持党对一切工作的领导，坚持全面从严治党，牢固树立"四个意识"，自觉维护党中央权威和集中统一领导，自觉在思想上政治上行动上同以习近平同志为核心的党中央保持高度一致。

维护国土安全。国土安全是立国之基。国土的安全状态与国家能否繁荣息息相关。国土不受外来侵略和威胁，资源不因战争或预防战争过分消耗，国家才能稳定发展，人民才能安居乐业。当前，我国国土安全面临复杂严峻挑战，维护国土安全是维护国家安全重大而紧迫的战略任务。要提升维护国土安全能力，加强边防、海防、空防建设，周密组织边境管控和海上维权行动，坚决捍卫领土主权和海洋权益，有效遏制侵害我国国土安全的各种图谋和行为，筑牢国土安全的铜墙铁壁。坚决反对一切分裂祖国的活动，深入打击宗教极端势力、民族分裂势力、暴力恐怖势力"三股势力"，坚决防范"藏独"、"疆独"，坚决挫败任何形式的"台独"分裂图谋，全力维护香港、澳门繁荣稳定。

维护经济安全。经济安全是国家安全的基础。维护国家安全，根本上是为了发展经济，更好地满足人民对美好生活的需要。国家制定和实施安全战略，国家的政治、军事乃至环境政策在很大程度上都是以经济建设为中心。没有经济安全，文化、教育、社会等领域安全也就无从谈起。要坚持中国特色社会主义基本经济制度不动摇，不断完善社会主义市场经济体制，建设现代化经济体系。打好防范化解金融风险这场攻坚战，坚决守住不发生系统性金融风险的底线。把发展实体经济作为重中之重，切实解决核技术受制于人的问题，增强资源安全保障能力。

维护社会安全。社会安全与人民群众切身利益关系最密切，是人民群众安全感的晴雨表，是社会安定的风向标。随着经济发展、社会进步，人民群众对过上美好生活有更高的期待，对社会安全有更高的标准。人民群众不仅关注人身安全，而且关注吃得放不放心、住得安不安心、出行是否平安；不仅关注打击犯罪、维护稳定成效如何，而且关注社会治理、公共服务的水平高不高；不仅关注自身合法权益能不能得到有效保障，而且关注执法司法是否严格公正，社会公平正义能否像阳光样照耀到每个人。要大力推进平安中国建设，完善立体化社会治安防控体系，提高社会治理整体水平，注意从源头上排查化解矛盾纠纷。坚决打击恐怖主义，凡"恐"必打、露头就打，出重手、下重拳，给暴力恐怖势力以毁灭性打击，坚决把暴力恐怖分子的嚣张气焰打下去，坚决挤压

69

暴力恐怖活动空间，使暴力恐怖分子成为"过街老鼠，人人喊打"。加强公共安全工作，妥善应对重大自然灾害和突发事件，加强交通运输、消防、危险化学品等重点领城安全生产治理，坚决遏制重特大安全事故发生，确保人民生命财产安全。

维护网络安全。当今世界，以互联网为代表的新兴技术日新月异，对人类社会的发展进程产生深刻影响。同时，网络安全问题也相伴而生，世界范围内侵害个人隐私、侵犯知识产权、网络犯罪等时有发生，网络监听、网络攻击、网络恐怖主义活动等成为全球公害。网络安全已经成为我国面临的最复杂、最现实、最严峻的非传统安全问题之一。我国政府一再强调，没有网络安全，就没有国家安全，就没有经济社会稳定运行，广大人民群众利益也难以得到保障。互联网的核心技术是国之重器，是我们最大的"命门"，核心技术受制于人是我们最大的隐患。要下定决心、保持恒心、找准重心，坚持自力更生、自主创新，加速推动信息领域核心技术突破。不能人家用飞机大炮，我们还用大刀长矛，要以技术对技术，以技术管技术，做到魔高一尺，道高一丈。要加强关键信息基础设施网络安全防护，加强网络安全信息统筹机制、手段、平台建设，加强网络安全事件应急指挥能力建设，制定网络安全标准，不断增强网络安全防御能力和威慑能力。加强网络安全预警监测，确保大数据安全，实现全天候全方位感知和有效防护。贯彻落实好《中华人民共和国网络安全法》，依法加强网络空间治理，净化网络环境，使网络空间清朗起来。切实维护国家网络空间主权安全，共同构建网络空间命运共同体。

维护外部安全。和平稳定的国际环境和国际秩序是国家安全的重要保障。要坚定奉行独立自主的和平外交政策，坚持走和平发展道路，同世界各国一道，推动构建人类命运共同体。切实维护我国海外利益安全，保护海外中国公民、组织和机构的安全和正当权益，不断提高保障能力和水平，努力形成强有力的海外利益安全保障体系。加强安全领域国际合作，坚决支持国际反恐怖斗争，坚定支持和积极参与联合国维和行动，引导国际社会共同维护国际安全，为全球安全治理不断贡献智慧和力量。

第八章　自然环境与国际政治

"自然环境通常是指环绕人类社会的自然界，其中包括作为生产资料和劳动对象的各种自然条件。"①自然环境包括一个国家的地理位置、国土面积、地形地貌、自然气候、人口状况和自然资源等。自然环境是综合国力构成的重要因素，它不仅与国家的力量、地位、外交政策以及国家之间的相互关系密切相关，而且对整个国际政治体系的运行也会产生重大作用。冷战结束以后，原先隐藏在政治和军事斗争背后的环境问题逐步显现，成为全世界日益关注的重要问题之一。有鉴于此，在当前的情况下，研究环境问题本身对国际政治的影响就显得十分必要。

第一节　自然环境是综合国力构成的重要因素

现在人们评估一个国家的力量，不再只强调一两个因素，而是强调一个国家的综合国力。"综合国力是指一国所拥有的能在国际关系中发挥作用的全部实力的有机综合。"②国际社会对于综合国力的构成并无统一的标准，一般是将其分为两部分：一是无形因素，也称物质因素，包括人口状况、地理位置、自然资源、军事力量、经济力量和科技力量等。二是无形因素，也称精神因素，包括社会制度、政府素质、国家意志、国际影响力和国民士气等，而"自然环境则是构成综合国力中有形物质要素最基本的成分"③。正如美国学者汉斯·摩根索所指出："一国权力所依赖的最稳定的因素显然是地理……另一个对相

---

① 宋新宇、陈岳著：《国际政治学概论》，中国人民大学出版社 2000 年版，第 153 页。

② 俞正梁著：《当代国际关系学导论》，复旦大学出版社 9999 年版，第 76 页。

③ 宋新宇、陈岳著：《国际政治学概论》，中国人民大学出版社 2000 年版，第 234 页。

对于他国的权力具有重要影响的相对稳定的因素是自然资源。"①

地理因素、人口状况和自然资源等作为一种有形的物质存在，是"综合国力的源泉"，② 对综合国力的构成产生着直接的甚至是巨大的影响。一个国家拥有优越的地理位置、国土辽阔、土壤肥沃、气候适中、自然资源丰富和人口适度等，就奠定了它成为政治经济大国和强国的基础，反之，较差的自然环境条件会给一个国家发展成为力量强大的国家造成诸多困难和障碍。正如新加坡前总理李光耀所指出的，世界好比一座森林，那里有参天大树，也有匍匐植物，美国、中国、俄罗斯等是参天大树，但大多数国家属于匍匐植物，由于缺乏必要的自然资源和其他要素，永远也不会长成大树。③ 例如当今的美国和前苏联在世界上发挥举足轻重的作用，具有优越的自然环境条件不能不说是其力量强大的原因之一。当然自然环境诸要素对综合国力的影响和作用并不是孤立的和绝对的，总是在与其他因素相互联系、相互制约和相互结合时才能充分体现出来，并且处在不断发展和变化过程中。例如人口作为综合国力的重要构成因素，只有在它具有适度的数量、较高的质量和合理的结构与增长率时，才能成为综合国力的具有决定意义的因素；反之，则会削弱综合国力。又如很多非洲国家拥有丰富的自然资源，但在国际上并没有发挥与其资源相称的政治经济作用。地理诸因素是国家生存和发展的物质基础，对综合国力有着重大影响，但它们并不是静止不变的固定因素，它们是否发挥最大的效能，往往取决于科学技术和经济发展水平，资源的合理配置等因素的影响。

第二节　自然环境对国家行为的影响

自然环境不仅对一国综合国力的构成提供直接的物质力量，而且对该国对外目标的制定和实施手段的选择等都产生重要影响，具体分析如下：

其一，从地理诸因素来看。地理位置优越且处于战略要地的国家，其国际地位也会相应提高。例如埃及、巴拿马因其分别控制苏伊士运河和巴拿马运河而受到世人重视，新加坡因其扼马六甲海峡的咽喉而身价倍增。15 世纪以来，

---

① ［美］汉斯·摩根索著：《国家间政治——寻求权力与和平的斗争》，中国人民公安大学出版社 1990 年版，第 152 页。

② 俞正梁著：《当代国际关系学导论》，复旦大学出版社 1999 年版，第 77 页。

③ ［美］理查德·尼克松著：《超越和平》，世界知识出版社 1995 年版，第 23 页。

先后称霸海上的西班牙、荷兰和英国等国，重要原因就是由于它们拥有漫长的海岸线和优良的港口，才决定了它们把发展海上力量放在优先考虑的地位。国土面积的大小对一个国家的国防能力有重要的积极作用，在遭到外敌入侵时，因其辽阔的国土回旋余地大，敌人不能迅速地将其全部占领或征服。例如在第二次世界大战时期，日本进攻中国，德国入侵苏联，日本和德国在侵略战争初期明显占有优势，但最后均以失败而告终，除了中苏两国人民顽强抵抗、国际援助等原因外，广阔的国土应当是重要原因之一。彼此相邻的国家之间，当他们的关系敌对时，会导致"零和"（一方所得即为另一方所失）游戏，共同的边界需要耗费大量的人力和物力资源来建立和强化军事机器，保持高度的戒备状态；当他们的关系亲善时，会产生"正和"（双方通过合作达到双赢）游戏，双方可以利用彼邻地理优势更容易地发展政治经济文化等方面的友好合作关系。例如中苏关系在敌对时，双方都付出了沉重的代价。据苏联方面透露的材料，他们为了在军事上的各种反华准备，花费了大约 300 亿卢布，而中国方面为了备战，同样花费了数千亿元人民币，并推迟了各项建设。如今中俄之间已建立了"战略协作性的伙伴关系"，两国边境之间军事装备已经裁减到与两国友好合作关系相称的水平，双方政治、经贸和文化等方面的关系有了很大的发展。

其二，从人口状况来看。人口是从事物质资料生产和进行战争的必要条件之一，正如马克思所说："任何人类历史的第一个前提无疑是有生命的个人的存在。"[1]在其他条件相同的情况下，一定数量和质量的人口不仅能提高有关国家的综合国力，而且还能增强其在国际政治中的行为能力，并对其他国家产生一定的影响。但是人口的增长应该和一国的经济发展水平相适应，如果人口过度增长或人口比例严重失调时，不仅会阻碍该国经济发展，也会削弱该国的整体实力，并进而降低其在国际政治中的影响力。

其三，从自然资源来看。一个国家拥有丰富而齐全的自然资源，不仅为其成为政治、经济大国提供了必要的物质条件，而且在对外关系上就不怕别人的孤立和制裁，外交上的选择余地因此而扩大，其独立自主性也更强。例如正如邓小平所指出，"中华人民共和国成立以后，我们处于被孤立、被封锁、被制裁的地位有几十年之久。但归根结底，没有损害我们多少"[2]，这与我国相对丰富的自然资源不无关系。又如日本除硫黄、铜较为丰富以外，其他资源严重

[1]　马克思、恩格斯著：《马克思恩格斯选集》第 1 卷，人民出版社 1972 年版，第 24 页。

[2]　邓小平著：《邓小平文选》第 3 卷，人民出版社 1993 年版，第 329 页。

匮乏，这就造成了它严重依赖国外资源和市场的经济脆弱性，易受国际上种种波动的影响，不得不与美国结盟，很难在国际政治中坚持独立自主的立场，发挥与其经济大国相称的政治作用。

第三节 自然环境对国家之间相互关系的影响

地理位置、国土面积、地形地貌、自然资源与人口的分布等，既可以给一个国家综合国力的提高、对外行为能力以及实现国家利益提供有利条件，也可以给该国带来不利影响。地处海峡海道以及陆上战略通道等战略要地的国家和地区既受人重视和增加其国际影响力，也往往成为国际上争夺的热点，以致长期动荡不安。例如地处欧亚非三洲交界处的巴尔干半岛，战略位置极其重要，历来是列强争夺的焦点，也是点燃第一次世界大战的导火线。冷战结束以后，美国为了扫除北约东扩的障碍，于1999年3月24日不惜对巴尔干半岛上的南联盟进行了87天的狂轰乱炸，迫使其最后接受带有美国意愿的有关协议。又如东欧被20世纪初期的英国地缘政治学家麦金德称为世界的心脏地区，"二战"后又处在两大阵营对峙的前沿地带而为美苏长期争夺。再如处于海上战略要道的东南亚地区、中东地区和中美洲地区，"二战"后因其与有关大国战略利益紧密相联而长期成为世界上动荡和多事地区。自然资源是国家发展经济的必要条件之一，世界有关国家为争夺原料、能源、土地、水域等关键性资源而展开激烈的斗争，甚至酿成战争，这在国际政治中已不少见。拥有丰富自然资源的发展中国家和地区往往成为国际政治斗争的焦点，例如帝国主义发动的第一、二次世界大战，大多包含着争夺土地、资源等重要原因。在非洲中部，一些大国在这里争夺高科技产业所需要之钻石，核武器所用的铀、钍等稀有金属矿产；巴印、巴孟之间进行的淡水资源之争；1990年8月伊拉克入侵科威特，以及随后以美国为主的多国部队对伊拉克进行的攻击而爆发的海湾战争，其实质就是场争夺资源的战争。拥有适度数量和质量的人口，对一国综合国力的增长有积极的作用，但人口过度增长不仅给一国正常发展造成障碍，而且对国家之间的关系也会产生负面影响。例如联合国人口危机委员会对世界120个国家作出调查后指出，由于人口因素引起社会动荡的国家就有101个，这种国内和地区动荡不可避免地会影响到本地区的稳定，进而影响到整个国际社会的和平与安全。除此之外，发展中国家人口增长失衡已经导致了南北差距扩大和矛盾的加深，使南方国家在经济发展中进一步依赖发达国家，从而受制于人，同时也影响了发达国家的经济发展。正如邓小平指出："第三世界国家经济不发展，发达国家经济也不可能得到较大的发展。"①再如大规模的国际性人口流动是"国际关系中的——一个重要变量"，② 若人口的流动不能做到适当有序，就会对迁出国、迁入国乃至整个国际政治体系产生消极影响。

　　100 多年前，恩格斯就曾警告人们不要过分陶醉于人类对自然界的胜利，因为每一次这样的胜利自然界都报复了人们。"二战"以后，特别是第三次科技革命广泛而深入的发展，一方面使人类控制自然环境的能力有所增强，致使人类与自然的关系更加密切；另一方面又产生了一系列威胁人类生存和发展的环境问题，诸如人口激增、资源短缺、土壤流失和退化、沙漠扩大和能源消耗严重、森林锐减、生态系统恶化、大气和水被严重污染、温室效应加剧等。所有这些问题不只是个别国家存在的问题，而是关系到整个人类生存和发展的重大问题。有鉴于此，确保全球环境安全是国际社会最根本的安全问题之一，环境问题是没有国界的，正如江泽民所指出："不仅要靠各国自身的努力，还需要国际上的相互配合和密切合作。"③这不仅对克服人类生存的障碍有根本的意义，而且对于国际政治的根本变革也有重大意义，对此，世界各国应引起高度的重视。

　　①　邓小平著：《邓小平文选》第 3 卷，人民出版社 1993 年版，第 329 页。
　　②　蔡拓著：《全球问题与当代国际关系》，天津人民出版社 2002 年版，第 170 页。
　　③　江泽民著：《江泽民论有中国特色社会主义》，中央文献出版社 2002 年版，第 539页。

第九章　综合国力与国际政治

综合国力是国际政治理论研究的重要内容之一，在一般情况下，综合国力通常是指"国家行为主体所拥有的维系其生存和发展的物质和非物质力量以及它们维护自身利益推行对外战略和影响其他行为主体行为的能力"。① 综合国力由有形因素和无形因素构成，并且两者相互作用和相互影响。综合国力是衡量一个国家在国际社会中的地位、影响和作用的重要标准，也是一个国家对外战略制订及行为方式选择的基础和主要依据，同时也是实现国家利益的主要保障。只有对国家行为主体的综合国力进行科学的分析和评估，才能对其对外行为目标和手段的选择，以及由此而引起的国际政治关系作出正确的判断。

第一节　综合国力的构成

长期以来，在关于综合国力的构成问题上，国际上的认识并不一致。美国学者汉斯·摩根索把综合国力分成九条要素，即地理条件、自然资源、工业能力、军备状态、人口、民族特征国民士气、外交质量和政府质量。法国学者雷蒙·阿隆将其归结为国家所拥有的空间、资源和集体行动能力三大要素。另一美国学者塞缪尔·亨廷顿则认为，综合国力的最终体现是国家承受各种挫折、克服困难、自我恢复和不断更新的能力，它应包括人口规模和教育水平、自然资源、经济发展水平、军事实力、技术发展水平、社会凝聚力、政治稳定状况、意识形态的吸引力、外交联盟和地缘政治。日本学者认为综合国力应包括三个方面，它们是国际贡献能力、生存能力和强制能力。前苏联的学者强调，综合国力的强弱取决于国家物质和精神力量的现有发展水平，"是军事潜力、政治潜力、精神—政治潜力及科学潜力的总和"。② 尽管综合国力的构成众说纷纭、莫衷一是，但一般是将其分为两部分：一是有形因素，也称物质因素，

---

① 宋新宁、陈岳著：《国际政治学概论》，中国人民大学出版社 2000 年版，第 55 页。
② 《苏联军事百科全书》，解放军出版社 1986 年版，第 21 页。

二是无形因素，也称精神因素。在物质因素中，人口和地理条件是两大基本要素，是"综合国力的源泉"。① 马克思指出："任何人类历史的第一个前提无疑是有生命的个人的存在。"②拥有适度数量和较高质量的人口，对综合国力的构成具有决定性的意义，反之，则会削弱综合国力。地理条件包括地理位置、国土面积、地形地貌和气候特征等因素，它们是国家生存和发展的物质基础，对综合国力的构成有重大影响。"经济与科技力是基础，处于中心地位。"③经济实力是综合国力构成的基石，它不仅决定和制约其他因素的发展，成为国家力量的主要标志，而且成为在国际上发挥作用、谋求国家利益的重要手段。特别是"科学技术是第一生产力，"④是综合国力中最为活跃、作用突出的因素，并且由于经济发展和科技进步良性互动，科学技术日益成为综合国力增强的关键性的因素。自然资源也是综合国力构成的不可或缺的物质因素，一个国家拥有丰富的自然资源，就为其发展成为力量强大的国家奠定了基础，在国际上就不怕别人的孤立和制裁，其独立自主性也更为明显，反之，则容易受人牵制。军事实力是综合国力中最古老但仍居重要地位的因素，虽然冷战后其地位与经济科技相比有所下降，但在当今无政府状态的世界中，仍具有举足轻重的作用。军事力量，特别是核武器作为一种威慑力量和国际根本利害冲突的解决手段，是保障国家安全、推进国家利益和发挥国际影响力的强大后盾。但军事力量的强大，最终必须依赖经济与科技发展水平。当今世界综合国力的较量，不仅是经济科技和军事等硬国力的对比，而且也是人心、意志和文化等软国力的对比。在精神因素中，政治、经济体制是推动还是阻碍该国政治经济的发展，是否代表社会向前发展的趋势，是否能合理有效地运转，也是综合国力构成的一大要素。国民素质和士气、人心向背、全国人民统一的意志、民族的精神和凝聚力，对增强国家实力，不仅不能忽视，在某种条件下可能具有决定性的意义。文化因素主要表现为一国特定的语言、传统、性格、意识、道德、伦理、宗教价值观念和生活方式等，是决定一个国家民族凝聚力强弱的重要因素。文化因素若能发挥得当，将能增强国家结合程度和整体行为能力，并对物质诸要素产生制约作用，进而对综合国力产生重大影响。

综上所述，综合国力由物质要素和精神要素构成，但不是两者的简单相

① 俞正梁著：《当代国际关系学导论》，复旦大学出版社1999年版，第32页。
② 《马克思恩格斯选集》第1卷，人民出版社1972年版，第152页。
③ 梁守德、洪银娴著：《国际政治学理论》，北京大学出版社2001年版，第97页。
④ 《邓小平文选》第3卷，人民出版社1993年版，第320页。

加，而是诸要素按一定方式排列和组合达到的整体效应，并且处在不断的发展和变化过程之中。

第二节　综合国力的评估

一国综合国力的大小是相对他国综合力而言的，并且其各种要素是相互联系、相互制约的，存在着极其复杂的有机联系，因而在评估一个国家的综合国力时必须将各种因素综合起来加以分析。但在国际政治领域，从整体角度对综合国力进行评估"人们的认识尚嫌浅薄。"[1]20 世纪 60—70 年代，西方行为主义学派掀起了一股定量化研究的热潮。不少学者运用定量化方法对综合国力进行评估，由于每个人对综合国力构成的理解和使用的方法不尽相同，因此得出的结论也大相径庭。其中值得一提的是美国学者克莱因在其《世界权力的评价：战略动力的估算》一书中，提出了著名的克莱因公式，即 $Pp = (C+E+M) \times (S+W)$。其中 Pp 为综合国力，由物质要素（C+E+M）和精神要素（S+W）组成，C 代表基本实体，分值为 100 分，人口和领土各占一半；E 代表经济能力，分值为 200 分，国民生产总值占一半，另一半由能源、关键性非燃料矿物、工业生产能力、粮食生产能力和对外贸易所组成；M 代表军事能力，分值为 200 分，核力量和常规力量各占一半。在精神要素中，S 代表战略目标，W 代表贯彻国家战略目标的意志。（S+W）为系数，其标准值为 1，最低值为 0。美国行为主义学派代表人物卡尔·多伊奇认为，一个国家的综合国力不能仅仅理解为其固有军事和经济实力，还要看是否能运用其他手段填补该国的权力。有鉴于此，多伊奇运用多角度测定法把综合国力构成分为三个侧面，并用三种不同的角度对其进行评估。它们是：权力的势力范围，即一国权力可及的人、领土和财富权力的作用限度，也就是"掌权者在其势力范围内能够给予他人的最高奖赏和最严厉惩罚之间的差异"。[2] 权力的管辖范围，指各个不同层次上受到政府权力有效支配的行为、关系和事务的集合或总和。多伊奇认为这三个侧面是相互联系、相互依赖的，并可将其分为更小的层次。美国学者考克斯和杰考伯逊运用国民生产总值、人均国民生产总值、人口、核能力和国际威望 5 项指标，美国另一学者考尔则运用国土面积、人口、钢消费量、标准能源消费量、国民生产总值和军事总实力 6 项指标，选取特定年份的资料对有关国家的综合

---

① 白希著：《现代国际关系学导论》，中国政法大学出版社 1991 年版，第 45 页。
② ［美］卡尔·多伊奇著：《国际关系分析》，世界知识出版社 1992 年版，第 42 页。

国力进行了估算。日本综合研究所使用专家调查法，根据国际贡献率、生存率和强制力三大能力和 15 个要素，涵盖 100 个左右的指标，对主要国家的综合国力进行了评估。除此之外，还有诸如罗伯特·达尔的投票成功率分析法，杰弗里·哈特的对资源行为者事件和结果的三项控制测定法以及塞尔多·韦克夫的七要素数量分析法。中国学者黄硕风运用系统论和自组织理论的方法，提出了综合国力的动态方程；于宏义和王佑棣运用现代科学方法对称性和简单性原理，用动态系统的描述方法，创立了功能、规模、结构和水平四维向量的综合国力测度模式等。

综合起来，以上方法通过不同层面和角度，运用现代科学方法强调了物质因素和精神因素的互动关系对综合国力构成的作用，为综合国力的定量化研究开辟了道路，其初步成果可以对研究者和运用者起到一定的参考作用。但它们也有一定的局限性：在综合国力中起作用的因素诸如社会政治内容、国家的尊严和国际地位等，难以全部准确地考虑到，使评估结果的可靠性大打折扣；有关国家很重要的经济军事等数据或夸大或缩小或处于保密状态，用不准确的数字评估综合国力，往往给对外政策造成严重后果。综合国力评估的取量标准因人而异，评价体系繁杂，特别是精神要素的评估无客观统一的标准，完全凭借评估者主观臆断或偏好，难免使评估结果出现谬误等。综合国力的评估是一个复杂的过程，既要考虑物质因素和精神因素，又要考虑两者的排列组合，还要考虑国际形势、国家之间关系的状况和外部力量的影响等因素，并且要用动态性的观点看待综合国力的发展变化，只有这样我们才能及时准确地把握综合国力。

第三节　综合国力对国家行为的作用

一个国家对外行为能力的大小由各种因素决定，但主要取决于其综合国力的强弱，一般而言，综合国力强大的国家，则其对外行为能力和对国际局势的影响力就大；反之较弱综合国力的国家的对外行为能力相对较小。综合国力对一个国家对外行为的制约作用主要表现如下：

第一，综合国力是国家制定对外战略的基础。一个国家要制定什么样的对外战略，取决于它对自己综合国力的估价，自己与行为对象之间的实力对比状况，以及国际力量的对比状况等。例如二战结束以后，美国在政治影响、经济实力和军事力量等方面都是独一无二的。美国的工业生产占资本主义世界的 1/2，出口贸易额的 1/3，金储备的 3/4，同时美国还是世界上最大的资本输出国和债权国。美国拥有世界最强大的军事力量，其武装部队达到 1200 万人，驻扎在 50 多个国家和地区，占据许多战略要地，并且垄断着原子弹。美国还控制着联合国、世界银行、国际货币基金组织等国际组织。正如英国首相丘吉尔所说，美国此刻正高踞于世界权力的顶峰，它拥有最大的力量。根据这种力量，美国制定了"以拉丁美洲为后院，以太平洋为内湖，以大西洋为内海，以欧洲为重点"的全球战略。过高或过低地估计自己和对象的实力地位，都会导致对外决策的失误，给有关国家带来灾难性的后果。例如中东的伊拉克和伊朗都是世界上的石油出口大国，两国利用丰厚的石油收入，建立起了强大的军事力量，两国军队可谓势均力敌。伊朗的国土面积比伊拉克要大，人口是伊拉克的 3 倍，经济规模大约是伊拉克的 2 倍，再加上其他因素的对比，伊朗的综合国力总体上要强于伊拉克。但伊拉克总统萨达姆认为，伊朗在 1979 年经历了剧烈的伊斯兰革命，国内政局动荡，巴列维国王的军队遭到伊斯兰运动的清洗而受到削弱，在国外因扣留美驻伊使馆人质与美国反目成仇，国际形象受到影响，并且伊朗的有形权力和无形权力与伊拉克对比发生了逆转，伊拉克可以抓住这一有利机会发动对伊朗的战争并取得胜利。据此，萨达姆在 1990 年发动了对伊朗的战争。但战争的进程出乎萨达姆的预料，伊朗军队和人民上下一心、同仇敌忾，不仅顶住了伊拉克的进攻，而且向伊拉克发动了强大的攻势。最后在联合国及有关国家的斡旋下，两伊得以平局结束战争。萨达姆对两国实力的错误估计，使两伊付出了历时 8 年的战争，牺牲了 100 万人的惨重代价。

第二，综合国力是国家对外战略调整的主要依据。一国对外战略制定之后并不是固定不变的，它总是随着国际国内形势的变化而作相应的调整，但战略调整的主要依据是一国与他国之间综合国力对比的此消彼长的变化。例如"二战"结束后的美国，由于长期实行侵略扩张的政策，不断增加军事开支和"援外"费用，特别是侵越战争失败，内外矛盾重重，危机四起，致使国力受到相对削弱，在 20 世纪 60 年代末 70 年代初，不得不实行"尼克松主义"，对自己的全球战略进行调整。而在同期，苏联加速发展自己的经济和军事实力，综合国力有了显著增强，成为与美国并驾齐驱的全球性的超级大国，并加紧在世界各地扩张，推行全球性的攻势战略。又如"二战"后的西欧、日本经济遭受严重困难，政治上也动荡不安，不得不依靠美国的经济和军事援助，在外交战略上对美国一边倒。但随西欧、日本经济和军事实力的增强，便逐步改变了对外战略上过分屈从美国的倾向。欧洲共同体在联合自强的道路上一再扩大，从 6 国发展到目前 26 国的欧洲联盟。欧盟经济体一体化取得显著进展，政治合作不断加强，防务联合加紧推进，从而成为维护世界和平的一支重要力量。从

20 世纪 70 年代起，日本开始改变对外战略中的低姿态，把从经济大国过渡到军事政治大国作为一项基本国策，已取得了诸多的进展。因此，国家行为主体，要根据综台国力的发展，对其对外战略进行调整，但这种调整应该审时度势，既要从自己国家的根本利益出发，同时也要尊重对方的利益，才不至于损害世界和平发展的大局。

第三，综合国力对国家对外行为方式的影响。国家行为主体对外行为应采取何种方式受多种因素制约，而综合国力起着非常重要的作用。综合国力不同，则采取的行为方式不一样。有的国家采取政治方式，有的国家采取经济方式，有的国家采取军事方式，有的国家则综合运用各种方式。例如中国成功地解决香港和澳门问题，主要就是采用政治手段的结果。运用政治手段处理对外关系的后盾，则是国家的稳定和国家的实力。中共十一届三中全会以来，我国实行改革开放政策，经过多年的发展，我国的综合国力有了显著的增强，安定团结的政治局面得以巩固，国际威望不断扩大，这一切为我们顺利地解决香港和澳门问题提供了坚实的基础。论综合国力，美洲的格林纳达根本不能和美国相比。格林纳达于 1983 年 10 月发生了不利于美国的政变，美国总统里根直接采取军事手段悍然派兵入侵和占领格林纳达，扶植了亲美政府上台。中华人民共和国成立以后，中美之间实力对比悬殊，美国对中国采取政治上孤立、经济上封锁、军事上威胁、意识形态上渗透等多种手段，企图将我们扼杀在摇篮里。在当今经济科技全球化迅速发展的条件下，随着各国相互依存程度进一步加深，一个国家综合国力无论多么强大，其对外行为方式和手段的运用应恪守和平共处五项原则、联合国的宪章和原则以及其他公认的国际法准则，才能增进本国利益，又不危及世界的和平与发展。一时得失在于力，千古成败在于理。在国际政治中，自恃国力强大，动辄对别国进行制裁、干涉或使用武力，既侵害了别人，又拖累了自己的行为并不少见，这应成为世界各国发展对外关系的前车之鉴。

21 世纪已经来临，以经济科技为中心的综合国力竞争是国际政治发展的大趋势，我们只有不断地发展和增强自己的综合国力，才能维护我国的国家利益，提高我国的国际地位，并进而在世界上立于不败之地。

下篇 国际政治理论的中国贡献

中华人民共和国成立以后，我们党几代中央领导集体通过总结国际关系以及中国对外交往的实践经验，倡导和平共处五项原则，主张建立国际性秩序，提出和平发展与和谐世界的理念，构建人类命运共同体，以及阐述中国对重大国际问题的主张等，为国际政治理论的丰富和发展贡献了中国智慧和中国方案。

第十章　中国的国际政治理论

中华人民共和国成立以来，中国领导人根据国际形势的发展变化，并集中全党的智慧，提出和平共处五项原则，主张建立国际性秩序，提出和平发展和和谐世界的理念以及构建人类命运共同体等，其中不少内容已成为公认的国际关系准则。

第一节　倡导和平共处五项原则

第二次世界大战结束以后，国际格局发生了重大变化，战时美国和苏联等国组成的以反法西斯联盟为主要内容的雅尔塔体制不复存在，而被以美国为首的资本主义阵营和以苏联为首的社会主义阵营的冷战局面所代替。以美国为首的资本主义阵营打着在全球遏制"共产主义扩张"的旗号，不仅在欧洲与苏联和东欧人民民主国家严重对峙，而且组成"联合国军"参加了在东北亚主要针对中国的朝鲜战争，而且极力挑唆中国周边国家与中国的敌对情绪，从而导致亚洲及国际局势的紧张。特别要提到的是，中国其时与周边国家之间存在着边界和华侨双重国籍等一些悬而未决的历史问题，再加上某些比较弱小的邻国十分担心共产主义思潮对其国内产生影响，因而对中华人民共和国怀着恐惧和疑虑的心态。凡此种种说明，确立新型的国际关系准则，以维护地区及世界的和平与稳定，就成为中国人民和世界人民所共同关注的重大问题。

早在中华人民共和国成立前后，毛泽东等中共领导人就在各种重大场合宣称，要在平等、互利和相互尊重领土主权等原则的基础上和所有国家建立外交关系，从而为其后和平共处五项原则的提出奠定了重要思想基础。

周恩来在日内瓦会议休会期间，于1954年6月下旬先后访问了印度和缅甸，并在与印度总理尼赫鲁、缅甸总理吴努发表的联合声明中指出，和平共处五项原则应该成为中印、中缅发展友好关系的基础，并且"这些原则不仅适用于各国之间，而且适用于一般国际关系中"。"在亚洲及世界各地存在着不同的社会制度和政治制度。然而，如果接受上述各项原则并按照这些原则办事"，那么"这些国家能和平共处并相互友好。这就会缓和目前存在于世界上的紧张局势，并有助于创造和平的气氛"。①

中国政府倡导的和平共处五项原则，开始时更多的是强调处理不同社会制度国家之间的关系，但其后通过总结国际关系的理论与实践，中国政府认为社会制度相同的国家也应该遵守和平共处五项原则。例如苏共中央总书记赫鲁晓夫于 1954 年 9 月 26 日访问中国时，两国政府发表的联合宣言指出："中苏之间已经建立起来的友好关系是两国根据平等、互利、相互尊重国家主权和领土完整的原则而进一步密切合作的基础。"②其后在中国政府的倡议下，苏联在与东欧人民民主国家发表的多个宣言和声明中，都明确指出要以和平共处五项原则为基础，发展双方之间的友好合作关系。

中国政府提出了和平共处五项原则以后，毛泽东等中共领导人不仅在多个重大外交场合大力宣传和推广，而且身体力行和率先垂范。1954 年 10 月，印度总理尼赫鲁访问中国，这是第一个非社会主义国家的首脑访华，毛泽东与他进行了三次会谈。中印两国社会制度和意识形态不同，彼此能够相互接近并确立和平共处五项原则作为双方发展友好合作关系的基础，其主要原因之一是由于两国具有共同点。毛泽东正是以这个方面作为楔入点进行会谈的，他说："我们所有东方人，在历史上都受过西方帝国主义国家的欺侮。""中国受西方帝国主义国家的欺侮有 100 多年。你们的国家受欺侮的时间更长，有 300 多年。现在日本人也处在受压迫的境地。因此，我们东方人有团结起来的感情。""尽管我们在思想上、社会制度上有不同，但是我们有一个很大的共同点，那就是我们都要对付帝国主义。""此外，尼赫鲁总理知道，我们的国家不是一个工业国，而是一个农业国。我国的工业水平比印度还低。我们要努力 10 年 20 年之后才能取得一些成绩。帝国主义国家现在是看不起我们的。我们两国的处境差不多，这也是东方国家的共同处境。"③尼赫鲁对毛泽东的以上谈话深以为然。

针对尼赫鲁提出如果把和平共处五项原则付诸实施就能消除亚洲国家对中国的恐惧感时，毛泽东说："应当把五项原则推广到所有国家的关系中去。""应当按五项原则来受约束，承担义务。如果一个国家说了不做，那么就有理由来指责它，它在人们眼中就输了理。""问题是有些大国不愿受约束，不愿像

① 《周恩来年谱(1949—1976)》(上卷)，中央文献出版社 1997 年版，第 393 页。
② 《毛泽东年谱(1949—1976)》第 2 卷，中央文献出版社 2013 年版，第 306 页。
③ 《毛泽东年谱(1949—1976)》第 2 卷，中央文献出版社 2013 年版，第 307 页。

我们两国那样，根据五项原则订立协定。美国和英国也说，它们要求和平，不干涉他国内政。但是，如果我们要同它们根据五项原则发表声明，它们又不愿意干。"①

毛泽东认为，国与国之间不应该相互警戒，尤其是在友好国家之间，而应该相互合作，这是国际关系实践经验的总结。他指出："我们在合作方面得到一条经验，无论是人与人之间，政党与政党之间，国与国之间的合作，都必须是互利的，而不能使任何一方受到损害。如果任何一方受到损害，合作就不能维持下去。""正因为这个原因，我们的五项原则之一就是平等互利。"②

中国实行和平共处五项原则的目标，就是要创造一个和平的国际环境，进行国内的经济建设。毛泽东指出："我们现在需要几十年的和平，至少几十年的和平，以便开发国内的生产，改善人民的生活。我们不愿打仗。假如能创造这样一个环境，那就很好。""不应该再打大战，应该长期和平。""我们现在正执行五年计划，社会主义改造也正在开始。如果发生战争，我们的全盘计划就会打乱。我们的钱都放在建设方面了。如果发生战争，我们的经济和文化计划都要停止，而不得不搞一个战争计划来对付战争。这就会使中国的工业化过程延迟。"③

毛泽东明确表示，和平共处五项原则适合一切国家之间的关系，中国在对外交往中将坚定不移地贯彻执行这一原则。例如他于1954年12月会见缅甸总理吴努时，指出："我们需要和平环境，需要朋友。""我们两国总理发表的联合声明，已经确定了我们相互关系的五项原则。""五项原则是一个长期方针，不是为了临时应付的"，因为"这五项原则是适合我国的情况的，我国需要长期的和平环境。五项原则也是适合你们国家的情况的，适合亚洲、非洲绝大多数国家的情况的。对我们来说，稳定比较好，不仅是国际上要稳定，而且国内也要稳定。"④

毛泽东在同吴努总理会谈时，就如何推进五项原则的实施，提出了中国建议。他指出："五项原则是一个大发展，我们应该采取一些步骤使五项原则具体实现，不要使五项原则成为抽象的原则，讲讲就算了。"具体而言，五项原则"其中有一条叫作不干涉内政，另一条叫作平等互利"。还有诸如"国家不应

① 《毛泽东年谱(1949—1976)》第2卷，中央文献出版社2013年版，第308页。
② 《毛泽东年谱(1949—1976)》第2卷，中央文献出版社2013年版，第309页。
③ 《毛泽东年谱(1949—1976)》第2卷，中央文献出版社2013年版，第306页。
④ 《毛泽东年谱(1949—1976)》第2卷，中央文献出版社2013年版，第312页。

该分大小。我们反对大国有特别的权利，因为这样就把大国和小国放在不平等的地位。大国高一级，小国低一级，这是帝国主义的理论"。"既然说平等，大国就不应该损害小国，不应该在经济上剥削小国，在政治上压迫小国，不应该把自己的意志、政策和思想强加在小国身上。""既然说平等，互相就要有礼貌，大国不能像封建家庭里的家长，把其他国家看成是它的子弟。不论大国小国，互相之间都应该是平等的、民主的、友好的和互助互利的关系，而不是不平等的和互相损害的关系。"①

　　和平共处五项原则的提出，是对几个世纪以来国际上盛行的霸权主义和强权政治的彻底否定和批判，是国际关系实践经验的总结，并在一定程度上冲破了其时整个世界被冷战局面所笼罩的阴霾，开创了社会制度和意识形态不同的国家发展友好合作关系的先例。和平共处五项原则，经受了国际风云变幻的考验，反映了国际关系的进步潮流，符合中国人民的根本利益和世界上大多数国家人民的共同利益，并且与联合国宪章的宗旨和原则及其他公认的国际关系准则一样，逐渐被世界上大多数国家所接受，成为规范各国行为的法律基础之一。二战结束以来的国际关系实践经验表明，只有恪守联合国宪章的宗旨和原则、和平共处五项原则及其他公认的国际关系准则，社会制度不同的国家也可以和平共处、相安无事；反之，社会制度相同的国家也会发生矛盾、冲突甚至战争。

　　正是因为和平共处五项原则具有强大生命力，邓小平于 1984 年 10 月 31 日会见缅甸总统吴山友时，指出："处理国与国之间的关系，和平共处五项原则是最好的方式。其他方式，如'大家庭'方式，'集团政治'方式，'势力范围'方式，都会带来矛盾，激化国际局势。总结国际关系的实践，最具有强大生命力的就是和平共处五项原则。"②甚至邓小平还于 1988 年 12 月 21 日会见印度总理拉吉夫·甘地时，提出要"以和平共处五项原则为准则建立国际新秩序"③的主张，得到了国际社会特别是广大发展中国家的普遍认同。

第二节　主张建立国际新秩序

　　建立什么样的国际新秩序，直接关系到世界的和平与发展的大局能否长期

---

① 《毛泽东年谱(1949—1976)》第 2 卷，中央文献出版社 2013 年版，第 320 页。
② 《邓小平文选》第 3 卷，人民出版社 1993 年版，第 96 页。
③ 《邓小平文选》第 3 卷，人民出版社 1993 年版，第 281 页。

维持，因而是国际政治理论研究的重要内容之一，也是中华人民共和国几代领导人一贯关注和重视的重大国际战略问题。中华人民共和国几代领导人通过总结国际关系的历史经验教训认为，我们要建立的国际新秩序应该在政治上相互尊重，在经济上互利合作，在安全上平等互信，在文化上求同存异等。国际新秩序的建立应该以和平共处五项原则为基础，加强联合国的作用，反对霸权主义和强权政治，发展中国家增强自我发展的能力，共同应对全球性的挑战等。

第一，中华人民共和国几代领导人一贯重视国际新秩序的建立。中华人民共和国成立以后，我国党的几代中央领导人就十分注重建立国际新秩序的问题。以毛泽东同志为核心的第一代中央领导集体，虽然没有明确提出建立国际新秩序的概念，但他们的外交理论和实践，包含了我们今天主张建立国际新秩序的很多内容。例如毛泽东同志非常强调反对超级大国的霸权主义，他指出，"美、苏两国都有核武器，想统治全世界"，① "美国如果还像今天这样到处干涉、控制，我们还是要反对"。② 20 世纪 50 年代初期，周恩来总理首次提出，后来被称为和平共处五项原则的对外政策思想，符合联合国宪章的宗旨和原则，是对当代国家之间关系的正确概括和反映，对亚洲乃至整个世界国际关系的发展产生了深远的影响。后来，毛泽东同志还提出了三个世界划分的理论，号召亚非拉第三世界国家团结起来，并联合第二世界国家，建立反对美苏霸权主义的国际统一战线，并指出："国内的事要由国内人民解决，国际间的事要由大家商量解决，不能由两个大国来决定"等。③ 以上对外政策思想的很多内容，符合世界上大多数国家和人民的利益，为绝大多数发展中国家普遍接受，也为部分发达国家赞同，并成为公认的现代国际法准则的重要组成部分。中共十一届三中全会以来，以邓小平同志为核心的党的第二代中央领导集体，为建立国际新秩序作出了新的贡献。1988 年 12 月，邓小平还在会见印度总理时就明确提出了建立国际新秩序的设想。他指出："世界上有两件事情要同时做，一个是建立国际政治新秩序，一个是建立国际经济新秩序。"④以什么原则指导国际新秩序建设，邓小平指出："我们应当用和平共处五项原则作为指导国际关系的准则。"⑤20 世纪 80 年代末 90 年代初，东欧剧变、苏联解体，两极格局

① 《毛泽东外交文选》，中央文献出版社 1995 年版，第 507 页。
② 《毛泽东外交文选》，中央文献出版社 1995 年版，第 525 页。
③ 《毛泽东外交文选》，中央文献出版社 1995 年版，第 590 页。
④ 《邓小平文选》第三卷，人民出版社 1993 年版，第 282 页。
⑤ 《邓小平文选》第三卷，人民出版社 1993 年版，第 283 页。

崩溃，世界进入了一个新旧格局转换的过渡时期。不同的国家和国家集团从各自的利益出发，对世界形势的看法不同，表现在国际新秩序的建立上也不一样。美、日、欧都提出了建立国际新秩序的主张，虽然在个别方面略有不同，但在本质上是相同的，那就是以西方的民主、自由等价值观为基础，在全世界推广西方的社会制度、意识形态、经济模式。中国在建立国际新秩序问题上，与广大发展中国家的主张是基本一致的，也就是邓小平指出的，"新的政治秩序就是结束霸权主义，实行和平共处五项原则"，"国际关系新秩序的最主要原则，应该是不干涉别国的内政，不干涉别国的社会制度，"①以及和平解决国际争端、反对军备竞赛等。这些建立国际新秩序的原则立场，受到了国际社会的普遍赞赏。中共十三届四中全会以来，以江泽民同志为核心的党的第三代中央领导集体，在对外交往实践中，进一步丰富和发展了毛泽东、邓小平关于建立国际新秩序的思想。

1991年3月，中国政府总理在七届人大四次会议上所作的政府工作报告中，比较全面地阐述了我国关于建立国际新秩序的必要性、特征、内容等主张。1992年10月，中共十四大在谈到建立国际新秩序问题时，提出了世界的多样性、建立国际新秩序的长期性等观点，对七届人大四次会议关于建立国际新秩序的主张进行了补充。除此之外，江泽民同志就建立国际新秩序问题发表了很多讲话，例如1995年10月在美国发表《让我们共同缔造一个更美好的世界》的讲话、1997年4月在俄罗斯发表《为建立公正合理的国际新秩序而努力》的讲话、1997年9月十五大报告、2001年9月《在联合国千年首脑会议上讲话》以及2002年11月十六大报告等。在这些讲话和报告中，江泽民同志不仅比较完整系统地阐述了我国政府关于建立国际新秩序的指导思想，而且为此进行了长期不懈的努力。例如不结盟、不对抗、不针对第三国的多个伙伴关系的建立、"上海合作组织"的创办等措施，就是我国政府建立国际新秩序的重要实践成果。

第二，国际新秩序的主要内容。我国领导人提出的建立国际新秩序的思想，与旧的国际秩序相比是根本对立的。旧的国际秩序是帝国主义殖民政策的产物，带有强烈的霸权主义和强权政治色彩，是以不公正不合理的国际经济关系为基础的，由少数几个大国垄断世界事务，它遭到了世界上大多数国家和人民的强烈反对。因此，建立什么样的国际新秩序问题，为世界各国人民所普遍关注。江泽民同志指出："建立国际政治经济新秩序，应当从当今世界的实际

---

① 叶自成著：《新中国外交思想》，北京大学出版社2001年版，第143~144页。

情况出发，应该反映世界各国人民的普遍愿望和共同利益，应该体现历史发展和时代进步的要求。"①它主要表现在如下几方面：

在政治上，正如江泽民同志指出："应该保障各国享有主权平等和内政不受干涉的权力。"②各国有权根据本国国情，独立自主地选择本国的社会制度、经济模式和发展道路，而不应该把它们强加于人；国家不分大小、强弱、贫富，都是国际社会的平等成员，都有平等的参与世界事务的权利，任何国家或国家集团都不能够凌驾于国际社会之上，更不应该谋求霸权或推行强权政治；国际社会应该严格遵守联合国宪章的宗旨和原则以及其他公认的国际关系准则；应积极推进国际关系民主化，各国应该相互尊重、共同协商，任何国家尤其是大国不得干涉别国内政。

在经济上，正如江泽民同志指出："应坚持互利合作，共同发展的原则。"③经济全球化和区域经济集团化的迅速发展，要求各国在经济、贸易、金融、科技等方面开展深入广泛的交流与合作，实现相互开放政策。因此，要改革旧的国际经济关系，摒弃贸易保护主义和歧视政策，代之以平等互利、等价交换的国际经济新秩序，使之有利于维护世界各国特别是广大发展中国家的利益。许多发展中国家今天贫困的主要原因，是长期的殖民主义统治和不公正、不合理的国际经济旧秩序造成的。发达国家应该在提供资金、转让技术、减免债务等方面切实帮助广大发展中国家加强自我发展的能力，逐步缩小南北差距，而不只是从发展中国家谋取资源、市场、劳动力和利润。发展中国家经济的发展对于世界经济的繁荣和世界的持久和平至关重要。任何国家都不得利用自己的经济、贸易、技术、金融等方面的优势，去损害别国的经济安全和发展，更不应该动辄对别国进行经济制裁，谋求经济霸权。

在安全上，正如江泽民指出："国际社会应树立以互信、互利、平等、协作为核心的新安全观。"④国与国之间的纠纷和争端，应该遵照联合国宪章的宗旨和原则以及国际法准则，通过协商和平解决，不得诉诸武力或以武力相威胁，更不能随意侵犯别国领土。国际关系的实践表明，和平不能靠武力来实现，更不能依赖军事同盟来维持。建立军事集团，扩大军事同盟，只会加剧地区和国际局势的紧张和不安，并且会制造更多新的不稳定因素，无助于世界的

① 《江泽民论有中国特色社会主义》，中央文献出版社2002年版，第541页。
② 《江泽民论有中国特色社会主义》，中央文献出版社2002年版，第544页。
③ 《江泽民论有中国特色社会主义》，中央文献出版社2002年版，第542页。
④ 《江泽民论有中国特色社会主义》，中央文献出版社2002年版，第535页。

91

和平和安全。各国的安全是普遍的、共同的、相互依存的，无论多么强大的国家，离开国际合作也难以实现真正的安全，任何国家都不得把自己的安全建立在损害他国安全利益的基础之上。国际社会应摒弃不是结盟就是对抗的冷战安全观，牢固树立并贯彻以互信、互利、平等、协作为核心的新安全观，努力营造长期稳定的国际和平环境，才能从根本上减少不安全因素，有效应对全球安全挑战，维护全球战略平衡和稳定，确保世界和平和繁荣。

在文化上，江泽民同志指出："应保障各民族和各种文明的共同发展权利。"①世界是丰富多彩的，世界上200多个国家由上千个民族组成，这些民族不仅存在着自然环境的差异，而且经历了不同的历史发展过程，并且表现在社会制度、意识形态、价值观念、宗教信仰和文化传统等方面也不一样。各种文明的多样性，是人类社会的基本特征，也是当今世界的客观现实，更是世界充满活力的根本原因。各个国家和民族的不同文明，不应该成为双方发展友好关系的障碍，而应该在平等的基础上开展对话和交流，在比较中取长补短，在合作中求同存异，在丰富和发展自己文明的同时，推动人类文明走向新的繁荣。那种认为本民族文明至上，鄙视甚至排斥其他文明，利用文明差异大做文章，企图挑起不同文明之间冲突的做法，是错误的，它不利于世界文明的进步，更会危害世界和平与发展的崇高事业。

第三，建立国际新秩序的重要措施。当前，国际形势总体上趋向缓和，和平与发展仍是当今时代主题。世界多极化和经济全球化趋势的发展，给世界和平与发展带来了新的机遇和有利条件。新的世界大战在可预见的时期内打不起来。但霸权主义和强权政治的存在，多极力量中心还不能够完全制约"一超"美国违反国际法准则的行为，南北差距进一步扩大，因民族、领土、宗教等因素引起的冲突时起时伏，困扰人类的各种共同性问题增多，发达国家和发展中国家在建立国际新秩序问题上意见分歧等原因，致使公正合理的国际新秩序迟迟不能建立起来。有鉴于此，江泽民同志指出："要致力于推动建立公正合理的国际政治经济新秩序。"②

首先，要以和平共处五项原则为基础建立国际新秩序。和平共处五项原则，高度概括了当今国际关系中必须遵循的基本原则，是对几个世纪以来旧的国际关系准则的彻底否定和批判，反映了国际关系的本质和要求，符合世界上大多数国家的普遍愿望和利益。二战以来国际关系实践表明，只有恪守和平共

---

① 《江泽民论有中国特色社会主义》，中央文献出版社2002年版，第544页。

② 《学习中共十五大文件讲解》，中共中央党校出版社1997年版，第38页。

处五项原则，社会制度不同的国家也可以和平相处，相安无事；反之，社会制度相同的国家也会发生矛盾和冲突，甚至战争。半个多世纪以来，和平共处五项原则经受住了国际风云变幻的考验，正为绝大多数国家所接受，逐渐成为公认的国际关系准则。联合国宪章的宗旨和其他公认的国际关系准则，与和平共处五项原则的精神是并行不悖的，各国应该严格遵守，照章办事。

其次，江泽民同志指出："进一步加强联合国的作用。"①联合国是当今世界上最大的全球性国际组织，在其成立以来的60多年的风雨历程中，在维护世界和平、促进经济发展、非殖民化等国际问题的处理中，均起了不可替代的作用。在今后的世界事务中，联合国将继续发挥核心和指导作用。当前，世界上绝大多数国家都把联合国看作国际秩序的基础和协调中心，主张多方加强而不是任意削弱联合国在维护世界和平和促进共同发展中的主导地位和核心作用。中国领导人认为，联合国在建立国际新秩序中发挥着重要作用。为此，我们应该进一步弘扬联合国宪章的宗旨和原则，宪章就是一部国与国之间发展关系的指南，各国不应该违背；我们应该共同维护联合国安理会的权威，安理会是国际集体安全制度的核心，是多边安全体系最具权威性和合作性的机构。任何甩开安理会、采取单边主义的做法都是危险的，是违背全体会员国意愿的；我们要特别致力于加强联合国在发展领域的作用。多年来，联合国在发展方面作了一些有益的工作，但还不完全尽如人意。在经济、科技全球化加速发展的今天，发展中国家面临的经济发展问题更加突出。如果这个问题不能得到有效的解决，将会影响世界经济的繁荣和发展。因此，联合国应该把广大发展中国家的发展问题，置于优先位置。

再次，反对霸权主义和强权政治。霸权主义和强权政治的存在，是阻碍国际新秩序建立的最主要障碍。当前，正如江泽民同志指出："霸权主义和强权政治有新的表现。"②主要是：在政治上，以维护"民主"、"人权"为名，肆意干涉别国内政；在经济上，利用全球化过程中自己的经贸、金融、科技等优势，仰仗不公正、不合理的国际经济旧秩序，在世界各地进行经济渗透，甚至动辄对别国进行经济制裁，企图建立经济霸权；在军事上，建立军事集团和扩大军事同盟，以打击恐怖主义为名，大力推行新干涉主义，甚至绕过联合国，违背国际法准则，对主权国家实施军事打击；在文化上，利用现代大众传媒工

---

① 《江泽民论有中国特色社会主义》，中央文献出版社2002年版，第542页。

② 江泽民：《全面建设小康社会，开创中国特色社会主义事业新局面》，人民出版社2002年版，第47页。

具和文化交流，对别国进行文化渗透，企图把自己的意识形态、价值观念等强加于人。为此，我们必须始终不渝地奉行独立自主的和平外交政策，对于一切国际事务，我们都要从中国人民和世界人民的根本利益出发，根据事情本身的是非曲直决定自己的立场和政策；不屈服于任何外来压力，不同任何大国或国家集团结盟，不搞军事集团，不参加军备竞赛，不进行军事扩张；在平等互利的基础上发展各国的经济贸易往来；按照独立自主、完全平等、相互尊重、互不干涉内部事务的原则处理和外国政党的关系；努力推动世界多极化和国际关系民主化。此外，正如江泽民同志指出："一切爱好和平、维护正义的国家和人民，应该团结起来，为反对霸权主义和强权政治，推动建立公正合理的国际新秩序而共同奋斗！"①

最后，发展中国家应该努力增强自我发展的能力。当前，发展中国家所处的现状正如江泽民同志指出："既面临着实现更大发展的机遇，也面临着必须认真对待的挑战。"②冷战结束后至今，国际形势的总体缓和与新的世界大战在短期内打不起来，使发展中国家能够赢得较长时期的和平发展环境；经济全球化和区域经济集团化并行发展，使各国在经济上相互依赖、相互渗透，有利于生产要素在全球范围内优化配置，有利于发展中国家从发达国家吸引资金、技术和先进管理经验，增强自我发展的能力等。但霸权主义和强权政治的存在并不时有新的表现，使发展中国家的主权威胁并未消失，经济全球化是由发达国家主导的，势必会使发展中国家在总体上处于不利地位。再加上原来在两极格局掩盖下的民族、宗教、领土等因素引发的冲突此起彼伏等。为了应对以上挑战，广大发展中国家应该加强团结，共同致力于建立公正合理的国际政治经济新秩序；加强磋商，全面推进南南合作；在平等互利的基础上积极参与南北对话，促进改善南北关系；努力增强自我发展的能力等。总之，正如江泽民指出："历史经验表明，发展中国家只有加强团结合作，求得经济的健康发展，才能立足于民族之林，才能有效抵制霸权主义和外来干涉，捍卫自己的独立、主权和权益。"③

除此之外，当前人类面临的共同性问题诸如人口膨胀、粮食短缺、资源枯竭、环境恶化、毒品走私、恐怖主义泛滥等增加。这些问题的解决正如江泽民

---

① 江泽民：《在欢迎我国驻南工作人员大会上的讲话》，1995 年 5 月 14 日《人民日报》。

② 《江泽民论有中国特色社会主义》，中央文献出版社 2002 年版，第 557 页。

③ 《江泽民论有中国特色社会主义》，中央文献出版社 2002 年版，第 512 页。

同志指出："不仅要靠各国的自身努力，还需要国际上的相互配合和密切合作，"①这不仅使世界经济可持续发展具有重要意义，同时，也有利于国际新秩序的建设。

我国领导人提出的关于建立国际新秩序的思想，在国际关系中产生了深远的影响，尽管实现这一目标任重道远，中国将一如既往地与世界各国人民一道，为实现这一伟大而崇高的事业作出不懈的努力。

第三节　和平发展与和谐世界

进入 21 世纪，中国领导人向全世界庄严宣布，中国坚定不移地走和平发展的道路，它是中国实现现代化建设的必然要求，也是基于长期的历史文化传统。中国利用和平的环境实现自身的发展，又以自身的发展促进世界的和平与发展。中国走和平发展道路的目标，就是建设一个持久和平与共同繁荣的和谐世界。

中共十六大以来，以胡锦涛为总书记的新的中央领导集体，在很多重要场合宣称："我们要高举和平、发展、合作的旗帜，坚定不移地走和平发展道路。"②这是中共新一届领导人通过总结历史发展经验，在科学地分析其时的国际形势和正确判断我国所处的国际国内环境的基础上作出的战略抉择。值得一提的是，我国于 2008 年 8 月成功地举办了第二十九届夏季奥运会。通过成功举办北京奥运会，我国把团结、友谊与和平的奥林匹克精神进一步发扬光大，也向全世界形象地展示中国的和平发展道路。

第一，中国的和平发展是社会主义现代化建设的必由之路。胡锦涛指出："走和平发展道路，是中国实现现代化目标的必然要求。"③中华民族是一个酷爱和平的民族，实现和平发展是中国人民的真诚愿望和不懈追求。中华人民共和国成立以后，特别是中共十一届三中全会以来，我们对内坚持以经济建设为中心，坚持四项基本原则，坚持改革开放；对外始终不渝地奉行独立自主的和平外交政策，努力为我国的社会主义现代化建设创造一个和平稳定的国际环境和周边环境。经过 20 多年的艰苦创业，我国的经济建设取得了举世瞩目的巨大成就。社会生产力获得迅速发展，人民的生活水平总体上达到了小康，综合

---

① 《江泽民论有中国特色社会主义》，中央文献出版社 2002 年版，第 539 页。
② 《十六大以来重要文献选编》（中），中央文献出版社 2006 年版，第 56 页。
③ 《十六大以来重要文献选编》（上），中央文献出版社 2005 年版，第 78 页。

国力不断增强。据有关部门统计，从 1978 年到 2005 年，中国国民生产总值从 1473 亿美元，增长到 22257 亿美元，进出口总额从 206 亿美元增长到 14221 亿美元，国家外汇储备从 1.67 亿美元，增加到 8189 亿美元。中国政府已使农村贫困人口由 2.5 亿人减少到 2300 多万人，为 2025 万城市人口提供了最低生活保障，对 6000 多万残疾人提供了有效的帮助。目前，中国的人均预期寿命由中华人民共和国成立前的 35 岁上升到 71.95 岁，已经达到中等发达国家的水平。此外，中国的政治文明建设取得了新的进展，国家的民主制度不断健全，公民的自由和权利依法得到维护和保障，人民依法行使民主选举、民主管理和民主监督等权利。中国已初步形成以宪法为核心的法律体系，依法治国基本方略得到贯彻落实。中国的教育科技、文化、国防、卫生体育等事业迅速发展，人民日益增长的精神文化需要不断得到满足。中国的和谐社会建设得到加强，国家努力维护和实现社会公平与正义、增强全社会创造活力，加强社会建设和管理，保持社会稳定实现人与自然和谐相处。回顾中国发生的沧桑巨变，中国人民经过艰苦探索和顽强奋斗，既改变了自己的命运，也推动了人类进步事业的发展。

中国尽管取得了巨大的发展成就，但是我国人口多、底子薄，发展还很不平衡，环境、资源、科技、教育等方面的制约因素还不少，仍然是世界上最大的发展中国家。中国国内生产总值虽然已位居世界前列，但人均国内生产总值却排在世界 100 多名之后，中国人民的生活还不富裕，中国的发展还面临着很多突出的矛盾和问题。中国要达到中等发达国家的经济水平，实现全体人民的共同富裕，还需要进行长期的艰苦奋斗。中国将集中力量全面建设惠及十几亿人口的更高水平的小康社会，使经济更加发展、民主更加健全、科教更加进步、文化更加繁荣、社会更加和谐、人民生活更加殷实。为了达到以上目标，我们除了全面贯彻落实以人为本、全面协调可持续发展的科学发展观之外，还要继续努力创造和维护和平稳定的国际环境和良好的周边环境，既通过世界和平发展自己，又通过自身的发展来促进世界和平。

第二，中国的和平发展基于长期的历史文化传统。胡锦涛指出："走和平发展道路，在中国具有深厚的历史文化基础。"①一个国家或民族发展道路的选择，除了其他因素之外，与这个国家和民族的历史文化传统不无关系。西方大国具有相同或相似的历史文化传统，而中国则具有本民族独特的历史文化理念，这就决定了中国和西方大国的发展道路明显不同。西方的历史文化传统具

---

① 《十六大以来重要文献选编》(上)，中央文献出版社 2005 年版，第 210 页。

有强烈追求财富的欲望，宗教狂热的偏执和唯我独尊的超越感等，这就使得西方大国在崛起过程中，都无一例外地对世界上的弱小民族和国家进行侵略、扩张和掠夺。例如早期的十字军东征以及18世纪60年代英国工业革命以后，西方大国的对外殖民兼并，始终伴随着血与火的历史。中华民族一贯讲信修睦、崇尚和平。中华文化历来强调和平和谐、亲仁善邻，提倡"重义轻利"的价值观念、"己所不欲勿施于人"的道德取向，"和为贵"的处世哲学。中国人在对外关系中始终秉承了"强不执弱"、"富不侮贫"的精神，主张"协和万邦"。中国人提倡"海纳百川、有容乃大"与"和而不同"，主张吸纳百家优长、兼集八方精义。几千年来，中国人民始终同各国人民友好相处，开展贸易、文化等方面的交流。其中值得一提的是，600多年前，中国明代著名航海家郑和率领当时世界上最大的船队，七次下西洋，远涉亚非30多个国家和地区，没有侵占别国的一寸土地，而带去的是茶叶、瓷器、工艺和技术等，更重要的是传播了世界和平与文明，充分反映了古代中国与其他国家和人民加强交往的诚意。胡锦涛指出："中华民族在漫长历史发展中形成的独具特色的文化传统，深深影响了古代中国，也深深影响着当代中国。"①中华人民共和国成立以后，我们党的几代中央领导集体继承了中华民族热爱和平的优秀传统，并在对外交往实践中将其不断发扬光大。以毛泽东为核心的党的第一代中央领导集体，在中华人民共和国成立之初就向全世界庄严宣告：我们的民族从此列入爱好和平自由的世界各民族的大家庭，以勇敢而勤劳的姿态工作着，创造自己的文明和幸福，同时也促进世界的和平和自由。此后，为了给我国的经济建设创造一个和平稳定的国际环境和良好的周边环境，维护国家的独立、主权和领土完整，毛泽东带领中国人民经过长期艰苦奋斗，并取得了很多宝贵的经验和原则。其中值得一提的是，提出了有效地维护和保障世界和平和安全的和平共处五项原则，并逐步得到世界上绝大多数国家的认同，已成为指导国家之间关系的普遍行为准则。党的十一届三中全会以来，以邓小平为核心的党的第二代中央领导集体，在深刻把握20世纪80年代的时代特征和国际形势的基础上，作出了和平与发展是当今世界两大问题的论断，并进一步指出了在较长时期内不发生大规模的世界大战是有可能的，维护世界和平是有希望的，从而为我们党和国家的工作重点转移到社会主义现代化建设上来奠定了重要基础。此后，邓小平提出了一系列发展对外关系的原则和方针，赋予了社会主义中国的和平外交理论和实践以丰富的内涵。党的十三届四中全会以来，以江泽民为核心的党的第三代中央

① 《十六大以来重要文献选编》（上），中央文献出版社2005年版，第301页。

领导集体，以新的理论和实践不断丰富和完善我国一贯倡导的和平发展道路思想，坚持和平与发展仍是当今时代主题这一大战略判断，提出要紧紧抓住重要战略机遇期，全面建设小康社会。党的十六大以来，以胡锦涛为总书记的新的中央领导集体提出以人为本，全面、协调、可持续的科学发展观，统领经济社会发展全局，统领对内对外工作两个大局。要求从国际国内条件的相互转化中用好发展机遇，加强对内发展和对外开放的统筹，在对外工作中高举和平、发展和合作的旗帜，始终不渝地奉行独立自主的和平外交政策，努力为中国现代化建设创造和平稳定的外部发展环境，同世界各国人民一道努力构建一个持久和平与共同繁荣的和谐世界。

为了进一步向全世界表明我国坚持走和平发展道路的决心，我国政府于2005年12月发表了《中国的和平发展道路》白皮书，比较系统地阐述了我们走和平发展道路的目标、途径等一系列方针政策，从而增强了世界各国对我国发展战略的了解，并有力地批驳了"中国威胁论"，有利于扩大对外交流与合作，为进一步树立我国作为负责任的大国形象，取得了积极的效果。

第三，中国的和平发展促进了世界的和平与发展。胡锦涛于2006年4月27日在《在尼日利亚国民议会的演讲》中指出，中国将坚持把自身发展与人类进步紧密联系在一起，既通过维护世界和平来发展自己，又通过自己的发展来促进世界和平，同各国人民一道更好地促进世界的安全和稳定。和平是发展的前提，发展是和平的保障。中华人民共和国成立以来特别是改革开放近30年来，我们努力争取和平的国际环境，十分珍惜世界上爱好和平与追求进步的国家和人民共同奋斗得来的和平国际环境，坚持聚精会神搞建设，一心一意谋发展。我国的经济社会发展取得了巨大成就，社会生产力和综合国力实现了历史性的跨越，人民生活总体上达到了小康水平。中国的发展与世界的发展相辅相成，中国通过和平的环境实现了自身的发展，又以自己的发展促进了世界的和平，为人类社会的进步作出了贡献。中国总结以往发展的经验，借鉴人类现代文明的发展成果，以科学发展观为指导转变发展观念，创新发展模式，提高发展质量。多年来，中国积极探索一条科技含量高、经济效益好、资源消耗低、环境污染少、人力资源优势得到充分发挥的新型工业化道路，努力推动整个社会走上生产发展、生活富裕、生态良好的可持续文明发展道路，为实现人类可持续发展树立了榜样。中国成功地实行了人口政策，延迟了世界总人口的增长。中国以不到世界10%的耕地，成功地解决了占世界近22%的人口的衣食住行问题，是一件了不起的事情。中国社会的稳定发展本身就是对世界和平的贡献。中国为促进世界经济的发展作出了贡献。近年来，在世界经济幅度时有波动的情况下，中国经济保持平稳较快的发展。据世界银行公布的数据表明，从 2000 年到 2004 年，中国经济增长对世界经济增长的平均贡献率为 13%。加入世界贸易组织以来至 2005 年底，中国进口 22717 亿美元商品。到 2010 年，中国每年进口额将超过 1 万亿美元。届时，中国将给外国投资者带来更多商机，给外国消费者带来更大好处，将进一步成为世界经济发展的推动力量。中国尽力帮助其他发展中国家加快发展。到目前为止，已向 110 多个国家和地区提供了 2000 多个援助项目，向 30 多个最不发达国家提供了优惠关税待遇，减免了 44 个发展中国家总计 166 亿美元的对华债务。2005 年 9 月，中国国家主席胡锦涛在联合国成立 60 周年首脑会议发展筹资高级别会议上，提出了支持和帮助发展中国家加快发展的 5 点建议，受到国际社会的普遍赞赏。胡锦涛指出："拥有世界人口五分之一的中国实现和平发展，绝不会对任何国家、任何人构成威胁，而是对世界和平与发展的贡献，必将给世界众多国家带来重要发展机遇。"①

20 世纪 90 年代以来，我国周边及其他地区发生了很多突发事件，中国政府和人民与其他国家一道对受灾国和地区提供了及时、真诚的帮助，为把灾害减至最低限度和迅速开展重建工作作出了自己力所能及的贡献。

中国为维护世界和平、促进国际合作作出了贡献。中国外交站在时代发展和人类进步的高度，提出了和平、发展与合作的对外战略思想，丰富和发展了我国一贯坚持的独立自主和平外交政策。这一思想的核心就是以合作求和平、以合作保安全、以合作谋发展，努力扩大各国的共同利益，寻求互利共赢和共同安全。中国始终遵守联合国宪章的宗旨和原则及其他公认的国际关系准则，在和平共处五项原则的基础上同世界各国发展友好合作关系，促进了国家之间的和平共处和平等相待。中国坚持以邻为善、与邻为伴的方针，妥善解决彼此之间的分歧和争端，与周边国家和亚洲其他国家的友好合作关系不断发展，共同利益不断扩大。中国与世界各主要大国、国家集团及其他中心建立了不同形式的合作伙伴关系，对话、交流和合作的趋势不断增强。中国不断加强与广大发展中国家的团结与合作，在南南合作的框架下，努力实现优势互补、共同发展，并推动了南北关系的改善和发展。中国坚决维护联合国及其安理会的权威和作用，积极参与国际维和行动和国际救灾行动。中国积极参与处理国际和地区热点问题，努力促进区域互利合作。中国坚持把中国人民的根本利益和世界人民的共同利益结合起来，既承担着广泛的国际义务，也发挥着负责任的建设

① 《十六大以来重要文献选编》(中)，中央文献出版社 2006 年版，第 152 页。

性作用。

第四，中国的和平发展目标就是建设持久和平与共同繁荣的和谐世界。我们已经跨入的这个新世纪，为人类社会的发展展现了光明的前景。在维护世界和平、促进共同发展的道路上，我们既面临着难得的机遇，也面临着严峻的挑战。有鉴于此，胡锦涛指出："历史昭示我们，在机遇和挑战并存的重要历史时期，只有世界所有国家紧密团结起来，共同把握机遇、应对挑战，才能为人类社会发展创造光明的未来，才能真正建设一个持久和平、共同繁荣的和谐世界。"①这是世界各国人民的共同心愿、人类社会发展的必然要求，也是中国走和平发展道路的崇高目标。

首先，坚持民主公正、推进协调合作。胡锦涛指出："建立和谐世界，必须致力于实现各国和谐共处。"②各国应该恪守公认的国际法和国际关系的基本准则，通过对话、交流与合作，促进国际关系民主化和法制化，逐步改革和完善现行国际体系和秩序，使之朝着更加公正合理的方向发展。各国的内部事务应由各国人民自己决定，世界上的事情应由各国平等协商解决，发展中国家在国际事务中理应享有平等参与权与决策权。国家的主权和领土完整神圣不可侵犯，应尊重各国自主选择社会制度和发展道路的权利，不将自己的意志强加于人。这是联合国宪章基本原则的重要体现，也越来越成为不同社会制度、不同发展水平的国家互相建立和发展友好关系的指导原则。在处理国际关系时，应坚持以各国人民的共同利益出发，努力扩大利益的交汇点，在沟通中增强了解，在了解中加强合作，在合作中达成共识。

其次，坚持平等互利、实现共同繁荣。胡锦涛指出："建立和谐世界，必须致力于实现全球经济和谐发展。"③发展问题事关世界各国人民的切身利益，也是消除国际安全隐患根源的有效途径之一。没有各国的普遍发展和共同繁荣，世界难享太平。经济全球化趋势的深入发展，使各国利益相互依存加深，各国的发展与全球的发展日益密不可分。经济全球化应该使世界各国特别是广大发展中国家普遍受益，而不是造成贫富悬殊、两极分化。因此，各国应积极推动建立健全开放、公平、非歧视的多边贸易体制，进一步完善国际金融机制，为世界经济增长营造健康有序、稳定高效的贸易和金融环境。应该加强全球能源对话和合作。共同维护能源安全和能源市场稳定，为世界经济增长创造

---

① 《十六大以来重要文献选编》(中)，中央文献出版社2006年版，第149页。
② 《十六大以来重要文献选编》(中)，中央文献出版社2006年版，第315页。
③ 《十六大以来重要文献选编》(中)，中央文献出版社2006年版，第315页。

充足、安全、经济、清洁的能源环境。应积极促进和保障人权，使人人享有平等追求全面发展的机会和权利。发达国家应该为实现全球普遍、协调、均衡发展承担更多责任，进一步对发展中国家特别是重债穷国和最不发达国家开放市场，转让技术，增加援助，减免债务。发展中国家要充分利用自身优势推动发展，广泛开展南南合作，推动社会全面进步。除此之外，联合国在推动世界发展合作中应发挥重要作用。联合国应该将发展作为一项主要工作来抓，完善机制，改进职能，在引导形成共识、制定规则、推动参与等方面发挥优势。要加强同世界贸易组织、世界银行和国际货币基金组织等国际和区域机构的协调和合作，整合资源，形成合力，为各国特别是发展中国家的发展创造良好的国际环境，提供有力的帮助和支持。

再次，坚持和睦互信、维护共同安全。胡锦涛指出："和平是人类社会实现发展目标的根本前提。没有和平，不仅新的建设无以推进，而且以往的发展成果也会因战乱而毁灭。"①因此，世界各国应该携起手来，共同应对全球安全威胁。要摒弃冷战思维，牢固树立以互信、互利、平等、协作为核心的新安全观，通过公平、有效的集体安全机制，共同防止冲突和战争，通过合作尽可能消除或降低恐怖主义活动、金融风险、自然灾害等非传统安全威胁问题。应坚持以和平方式，通过平等协商和谈判解决国际争端和冲突，共同反对侵犯别国主权的行为，反对强行干涉他国内政，反对任意使用武力或以武力相威胁。应该加强国际反恐合作，坚持标本兼治，重在消除根源，坚决反对和打击一切形式的恐怖主义。应该按照公正、合理、全面、均衡的原则，实现有效裁军和军备控制，防止大规模杀伤性武器扩散，积极推进国际核裁军进程，维护全球战略平衡和稳定。联合国是集体安全机制的核心，在保障全球安全和稳定中发挥着不可替代的作用。在涉及世界和平与安全的重大问题上，应该由安理会根据实际情况作出判断，依照联合国宪章采取集体行动。因此，只有加强多边合作，特别是加强联合国的作用、维护安理会权威，才能有效应对日益增多的全球性威胁和挑战，真正实现世界普遍安全。

最后，坚持包容开放、推动文明对话。胡锦涛于 2006 年 4 月 23 日在《在沙特阿拉伯王国协商会议的演讲》中指出，建立和谐世界，必须致力于实现不同文明和谐进步。世界文明多样性是人类社会的客观现实，是当今世界的基本特征，也是人类进步的重要动力。世界是一座丰富多彩的艺术殿堂，各国人民创造的独特文化都是这座殿堂里的瑰宝。一个民族的文化，往往凝聚着这个民

---

① 《习近平谈治国理政》第 2 卷，外文出版社有限责任公司 2017 年版，第 538 页。

族对世界和生命的历史认知和现实感受，也往往积淀着这个民族最深层的精神追求和行为准则。在人类历史发展过程中，各种文明不断交流、融合和创新，都以自己的方式为人类文明进步作出了积极贡献。各种文明有历史长短之分，并无高低优劣之别。强求一律，只会导致人类文明失去动力、僵化衰落。历史文化、社会制度和发展模式的差异不应成为人类文明交流的障碍，更不能成为对抗的理由。一个音符无法表达出优美的旋律，一种颜色难以描绘出多彩的画卷。我们应该采取积极有效的措施，不断克服自然的屏障和隔阂，更要超越思想的障碍和束缚以及形形色色的偏见和误解，努力维护世界的多样性，推动不同文明的对话和交融，相互借鉴而不是刻意排斥，使人类更加和睦幸福，让世界更加丰富多彩。

中国是当今世界上最大的发展中国家。有 13 亿人口的中国走和平发展的道路，不仅符合中国人民的根本利益，而且顺应历史发展的潮流，也符合世界人民的共同利益。中国政府和人民清醒地认识到，我国的发展道路上还面临着很多困难和问题，社会主义现代化建设还有很长的路要走。但是，中国人民走和平发展道路的决心是坚定不移的，不仅今天要走和平发展的道路，就是将来强大起来了也要走和平发展的道路，永远是推动世界和平与发展的积极力量。

第四节　构建人类命运共同体

中共十八大以来，以习近平为核心的党中央，通过总结国际关系的实践经验，并着眼于人类发展和世界前途的发展趋势，提出了构建人类命运共同体的重要战略思想，从而为世界的健康发展贡献出了中国理念和中国方案，受到国际社会的普遍赞赏和高度评价。中国提出的关于构建人类命运共同体的主张，已被多次写进联合国有关文件以及其他多边国际会议的宣言或公报中，并产生了日益广泛而深远的国际影响，从而成为中国引领时代潮流和人类文明进步方向的鲜明旗帜。

第一，人类只有一个地球。习近平指出："人类正处在大发展大变革大调整时期。"[1]世界多极化、经济全球化深入发展，社会信息化、文化多样化持续推进，新一轮科技革命和产业革命正在孕育成长，各国相互联系、相互依存，全球命运与共、休戚相关，和平力量的上升远远超过战争因素的增长，和平、发展、合作、共赢的时代潮流更加强劲。

---

① 《习近平谈治国理政》，外文出版社有限责任公司 2014 年版，第 247 页。

与此同时，人类也正处在一个挑战层出不穷、风险日益增多的时代。世界经济增长乏力，金融危机阴云不散，发展鸿沟日益突出，兵戎相见时有发生，冷战思维和强权政治阴魂不散，恐怖主义、网络安全、重大传染性疾病、气候变化等非传统安全威胁持续蔓延。国际关系的实践证明，西方国家长期奉行的霸权主义和强权政治只会给其他国家和地区带来灾难和动荡，以西方价值观为主要取向的所谓"民主""人权""自由"等也难以为继，西方的治理理念、体系和模式越来越难以适应新的国际格局和时代潮流。如何维护世界和平、促进各国共同发展以及建立有效的全球治理体系等，是各国政要以及爱好和平和追求进步的人们亟待解决的问题。

宇宙只有一个地球，人类共有一个家园，因而珍爱和保护地球是人类的唯一选择。面对动荡不安的国际社会，面对如此深刻的世界变化格局，世界各国只有携起手来合作应对，才能够有效地解决我们所面临的共同困难和挑战，任何国家都不应消极回避。和平与发展是世界各国人民的共同愿望，不是结盟就是对抗的冷战思维已不符合国际发展进步的潮流，谋求霸权和妄自尊大只会四处碰壁。世界各国只有坚持和平发展、协调发展和合作发展，才能真正实现共赢和共享。世界各国要以负责任的精神同舟共济，共同维护和促进世界和平与发展。

我们目前生活的这个世界，各国相互联系、相互依存的程度空前加深，人类生活在同一个地球村里，生活在历史和现实交汇的同一个时空里，越来越成为你中有我、我中有你的命运共同体。就世界发展现状来看，各国之间的联系从来没有像今天这样紧密，世界人民对美好生活的向往从来没有像今天这样强烈，人类战胜困难的手段从来没有像今天这样丰富。我们要抓住历史机遇，作出正确选择，推动构建人类命运共同体，开创人类更加光明的未来。

第二，坚定不移地走和平发展道路。习近平指出："走和平发展道路，是我们党根据时代发展潮流和我国根本利益作出的战略抉择。"[①]中国梦需要和平，只有和平能实现梦想，因而中国是维护世界和平、促进世界共同发展的重要力量。实现中华民族伟大复兴的中国梦，必须有和平的国际环境。没有和平，中国和世界都不可能顺利发展，没有发展，中国和世界也不可能有持久和平，只有坚持走和平发展道路，只有同世界各国一道维护世界和平，中国才能实现自己的目标，才能为推动构建人类命运共同体打下坚实基础，才能为世界作出更大的贡献。

中国走和平发展道路，不是权宜之计，更不是外交辞令，而是从历史、现

---

① 《习近平谈治国理政》，外文出版社有限责任公司2014年版，第247页。

实、未来的客观判断中得出的结论，是思想自信和实践自觉的有机统一。中国走和平发展道路的自信和自觉，来源于中华文明的深厚渊源，来源于对实现中国发展目标条件的认知，来源于对世界发展大势的把握。中华民族自古以来就积极开展对外交往通商，而不是对外侵略扩张，并执着于保家卫国的爱国主义，而不是开疆拓土的殖民主义。对和平、和睦、和谐的追求深深植根于中华民族的精神世界之中，深深溶化在中国人民的血脉之中，"以和为贵"、"天下太平"等理念世代相传。2100多年前，中国人就开通了丝绸之路，推动东西方平等开展文明交流，留下了互利合作的足迹，沿路各国人民均受益匪浅。600多年前，中国明代著名航海家郑和率领当时世界上最强大的船队"七下西洋"，远涉亚非30多个国家和地区，并没有占领一寸土地，而是播撒了和平友谊的种子，留下的是同沿途人民友好交往和文明传播的佳话。中华民族曾遭到列强长期侵略和欺凌，但中国人民从中学到的不是弱肉强食的强盗逻辑，而是更加坚定了维护和平的决心。中国人民不接受"国强必霸"的逻辑，愿意同世界各国人民和睦相处、和谐发展，共谋和平、共护和平、共享和平。

中国的和平发展道路，是中华人民共和国成立以来特别是改革开放以来，经过艰辛探索和不断实践逐步形成的。改革开放40年的历史已经证明，和平发展是中国基于自身国情、社会制度、文化传统作出的战略抉择，顺应时代潮流，符合中国根本利益，符合周边国家利益，符合世界各国利益。中国无论发展到什么程度，永远不称霸，永远不搞扩张，始终做世界和平的建设者、全球发展的贡献者、国际秩序的维护者。

世界繁荣稳定是中国的机遇，中国发展也是世界的机遇。走和平发展道路，对中国有利，对亚洲有利，对世界也有利。中国坚持走和平发展道路，既积极争取和平的国际环境发展自己，又以自身发展促进世界和平；既让中国更好利用世界的机遇，又让世界更好分享中国的机遇，促进中国和世界各国良性互动、互利共赢。中国将坚定不移走和平发展道路，并且希望世界各国共同走和平发展道路，共同构建和平、发展、繁荣的人类命运共同体。

中国坚定不移走和平发展道路，始终不渝倡导合作共赢理念。但是，走和平发展道路、倡导合作共赢是有底线的，这就是坚决维护国家核心利益。习近平总书记指出："我们要坚持走和平发展道路，但决不能放弃我们的正当权益，决不能牺牲国家核心利益。任何外国不要指望我们会拿自己的核心利益做交易，不要指望我们会吞下损害我国主权、安全、发展利益的苦果。"①中国主

---

① 《习近平谈治国理政》，外文出版社有限责任公司2014年版，第249页。

权、安全、发展利益和民族尊严绝不允许任何势力侵犯，同时任何力量也不能动摇我们坚持和平发展的信念。

第三，建设持久和平、普遍安全、共同繁荣、开放包容、清洁美丽的世界。构建人类命运共同体思想的内涵极为丰富和深刻，就是要建设持久和平，普通安全、共同繁荣、开放包容、清洁美丽的世界。这反映了人类社会共同价值追求，汇聚了世界各国人民对和平、发展、繁荣向往的最大公约数，为人类社会实现共同发展、持久繁荣、长治久安绘制了蓝图，指明了前进方向，对中国和平发展、世界繁荣进步都具有重大而深远的意义。

坚持对话协商，建设一个持久和平的世界。国家和，则世界安；国家斗，则世界乱。相互尊重、平等协商，坚决摒弃冷战思维和强权政治，走对话而不对抗、结伴而不结盟的国与国交往新路。人类历史上战乱频仍，生灵涂炭，从公元前的伯罗奔尼撒战争到两次世界大战，再到延续40余年的冷战，教训惨痛而深刻。要和平不要战争是各国人民朴素而真实的愿望。建设一个持久和平的世界，根本要义在于国家之间构建平等相待、互商互谅的伙伴关系。大国要尊重彼此核心利益和重大关切，管控矛盾分歧，努力构建不冲突不对抗、相互尊重、合作共赢的新型关系。大国对小国要平等相待，不搞唯我独尊、强买强卖的霸道。任何国家都不能随意发动战争，不能破坏国际法治，不能打开潘多拉的盒子，出现矛盾和分歧，要通过平等协商处理，以最大诚意和耐心，坚持对话解决。

坚持共建共享，建设一个普遍安全的世界。世上没有绝对安全的世外桃源，一国的安全不能建立在别国的动荡之上，他国的威胁也可能成为本国的挑战。要坚持以对话解决争端、以协商化解分歧，统筹应对传统和非传统安全威胁，反对一切形式的恐怖主义。"单则易折，众则难摧。"习近平总书记指出，邻居出了问题，不能光想着扎好自家篱笆，而应该去帮一把。国家不论大小、强弱、贫富以及历史文化传统、社会制度存在多大差异，都要尊重和照顾其合理安全关切。各方应树立共同、综合、合作、可持续的新安全观。要恪守尊重主权、独立和领土完整、互不干涉内政等国际关系基本准则，统筹应对传统和非传统安全挑战，深化双边和多边协作，促进不同安全机制间协调包容、互补合作，不这边搭台、那边拆台，实现普遍安全和共同安全。各国都有平等参与地区安全事务的权利，也都有维护地区安全的责任，要以对话协商、互利合作的方式解决安全难题。要加强协调，建立全球反恐统一战线，为各国人民撑起安全伞。

坚持合作共赢，建设一个共同繁荣的世界。同舟共济，促进贸易和投资自由化便利化，推动经济全球化朝着更加开放、包容、普惠、平衡、共赢的方向发展。各国特别是主要经济体要加强宏观政策协调，兼顾当前和长远，着力解决深层次问题。抓住新一轮科技革命和产业变革的历史性机遇，转变经济发展方式，坚持创新驱动，进一步发展社会生产力、释放社会创造力。维护世界贸易组织规则，支持开放、透明、包容、非歧视性的多边贸易体制，构建开放型世界经济。经济全球化是历史大势，要加强协调、完善治理，引导经济全球化健康发展，既做大蛋糕，又分好蛋糕，着力解决公平公正问题。建设一个开放包容的世界。人类文明多样性是世界的基本特征，也是人类进步的动力。

交流孕育融合，融合产生进步。尊重世界文明多样性，以文明交流超越文明隔阂、文明互鉴超越文明冲突、文明共存超越文明优越。世界上有 200 多个国家和地区、2500 多个民族、多种宗教，不同历史和国情，不同民族和习俗，孕育了不同文明，文明没有高下、优劣之分，只有特色、地域之别。促进和而不同、兼收并蓄的文明交流对话，在竞争比较中取长补短，在交流互鉴中共同发展，使文明交流互鉴成为增进各国人民友谊的桥梁、推动人类社会进步的动力、维护世界和平的纽带。

坚持绿色低碳，建设一个清洁美丽的世界。人与自然共生共存，伤害自然最终将伤及人类，建设生态文明关乎人类未来。坚持环境友好，合作应对气候变化，保护好人类赖以生存的地球家园。习近平总书记指出，工业化创造了前所未有的物质财富，也产生了难以弥补的生态创伤。我们不能吃祖宗饭、断子孙路，用破坏性方式搞发展。要牢固树立尊重自然、顺应自然、保护自然的意识，以人与自然和谐相处为目标，解决好工业文明带来的矛盾，实现世界的可持续发展和人的全面发展。倡导绿色、低碳、循环、可持续的生产生活方式，平衡推进联合国 2030 年可持续发展议程，采取行动应对气候变化的新挑战，不断开拓生产发展、生活富裕、生态良好的文明发展道路，构筑尊崇自然、绿色发展的全球生态体系。

构建人类命运共同体，建设持久和平、普遍安全、共同繁荣、开放包容、清洁美丽的世界是一个历史过程，不可能一蹴而就、一帆风顺，需要一步一步沿着正确道路前进。推动建设相互尊重、公平正义、合作共赢的新型国际关系，是构建人类命运共同体的基本路径。构建新型国际关系，就是要倡导各国秉持相互尊重原则，共同追求国际关系和国际秩序的公平正义，携手合作、同舟共济、互利共赢。相互尊重是前提，公平正义是准则，合作共赢是目标。构建新型国际关系的实质，就是要走出一条国与国交往的新路，为构建人类命运共同体开辟道路、积累条件。

第四，积极发展全球伙伴关系。推动构建人类命运共同体，必须积极发展全球伙伴关系，扩大同各国的利益交汇点。以周边和大国为重点，以发展中国家为基础，以多边为舞台，以深化务实合作、加强政治互信、夯实社会基础、完善机制建设为渠道，全面发展同各国友好合作，不断完善我国全方位、多层次、立体化的外交布局，打造覆盖全球的"朋友圈"，与各国人民结伴而行、共创美好未来。

推进大国协调和合作，构建总体稳定、均衡发展的大国关系框架。大国之间相处，要不冲突、不对抗、相互尊重、合作共赢。中俄互为最主要、最重要的战略协作伙伴，两国关系在各自外交全局和对外政策中都占据优先地位，两国要巩固战略和政治互信，增强在涉及对方核心利益问题上的相互支持；扩大务实合作，深化人文交流；密切在国际和地区事务中的协调和配合，维护世界和平、安全、稳定。中美两国作为世界前两大经济体，在维护世界和平稳定、促进全球发展繁荣方面肩负着特殊的重要责任。发展长期健康稳定的中美关系，符合两国人民根本利益，也是国际社会普遍期待。当前中美关系正处在新的历史起点上，已经变成"你中有我，我中有你"的利益共同体。本着相互尊重、互利互惠的原则，聚焦合作、管控分歧，确保中美关系长期稳定健康发展。欧洲是多极化世界的重要一极，是中国的全面战略伙伴。要从战略高度看待中欧关系，将中欧两大力量、两大市场、两大文明结合起来，共同打造中欧和平、增长、改革、文明四大伙伴关系，提升中欧全面战略伙伴关系的全球影响力，为世界发展繁荣作出更大贡献。全面深化金砖伙伴关系，致力于推进经济务实合作，致力于加强发展战略对接，致力于推动国际秩序朝更加公正合理方向发展，致力于促进民间交流，开启金砖合作第二个"金色十年"。

按照亲诚惠容理念和与邻为善、以邻为伴周边外交方针深化同周边国家关系。周边是我国安身立命之所、发展繁荣之基。中国始终将周边置于外交全局的首要位置，视促进周边和平、稳定、发展为己任，深化同周边国家的互利合作和互联互通，共同打造周边命运共同体。东北亚、东南亚、中亚是我国周边外交的战略重点，也是我国海外利益集中、交往密切、对外辐射影响力较强的地区。坚定致力于实现朝鲜半岛无核化目标，坚定致力于维护半岛和平稳定，坚定致力于通过对话协商解决问题。严格遵循中日四个政治文件精神和四点原则共识，确保两国关系沿着正确方向发展。

中国和东南亚山水相连，血脉相通。坚定发展同东盟的友好合作，坚定支持东盟发展壮大，坚定支持东盟共同体建设，坚定支持东盟在东亚区域合作中发挥主导作用。中国和南亚各国是重要的合作伙伴。我们愿同南亚各国和睦相处，愿为南亚发展添砖加瓦。中国高度重视发展同中亚各国的友好合作关系，将其视为外交优先方向。我们希望同中亚国家一道，不断增进互信、巩固友好、加强合作、促进共同繁荣。中国愿意把自身发展同周边国家发展更紧密地结合起来，欢迎周边国家搭乘中国发展"快车"、"便车"，让中国发展成果更多惠及周边，让大家一起过上好日子。

秉持正确义利观和真实亲诚理念加强同发展中国家团结合作。广大发展中国家是我国走和平发展道路的同路人。我国虽然取得巨大发展成就，但仍然是发展中国家。践行正确义利观，义利相兼，义重于利，切实加强同发展中国家的团结合作，把我国发展与广大发展中国家共同发展紧密联系起来。中非历来是休戚与共的利益共同体和命运共同体，加强同非洲国家的团结合作是我国长期坚持的战略选择，对非合作要讲"真、实、亲、诚"。中非应该以全面战略合作伙伴关系建设为引领，继承真诚友好的光荣传统，把互助合作精神发扬光大，坚持互利共赢的平等合作、开放包容的多方合作、能力导向的务实合作、绿色低碳的可持续发展、基础优先的重点合作。"海内存知己，天涯若比邻。"中国与拉美和加勒比国家虽然相距遥远，但友好关系源远流长，双方将共同致力于构建政治上真诚互信、经贸上合作共赢、人文上互学互鉴、国际事务中密切协作、整体合作和双边关系相互促进的中拉关系五位一体新格局，打造中拉携手共进的命运共同体。中国同阿拉伯国家彼此是相互尊重、相互认同、相互信赖的好朋友、好兄弟、好伙伴，双方将弘扬丝绸之路精神，促进文明互鉴、尊重道路选择、坚持合作共赢、倡导和平对话，不断深化全面合作、共同发展的中阿战略合作关系。

第五，积极参与全球治理体系改革和建设。推动构建人类命运共同体，必须积极参与全球治理体系改革和建设。中国秉持共商共建共享的全球治理观，倡导国际关系民主化，坚持国家不分大小、强弱、贫富一律平等，支持联合国发挥积极作用，支持扩大发展中国家在国际事务中的代表性和发言权。中国将继续发挥负责任大国作用，积极参与全球治理体系改革和建设，不断贡献中国智慧和力量。

当前世界各国相互联系和依存日益加深，现行全球治理体系跟不上时代发展、不适应现实需要的地方越来越多，国际社会对变革全球治理体系的呼声越来越高。推动全球治理体系朝着更加公正合理有效的方向发展，符合世界各国的普遍需求。

推动全球治理体系变革是国际社会大家的事，要坚持共商共建共享原则，使关于全球治理体系变革的主张转化为各方共识，形成一致行动。习近平总书记指出，什么样的国际秩序和全球治理体系对世界好、对世界各国人民好，要由各国人民商量，不能由一家说了算，不能由少数人说了算。推进全球治理体系变革并不是推倒重来，也不是另起炉灶，而是创新完善，使全球治理体系更好地反映国际格局的变化，更加平衡地反映大多数国家特别是新兴市场国家和发展中国家的意愿和利益。坚定维护以联合国宪章宗旨和原则为核心的国际秩序和国际体系，维护和巩固第二次世界大战胜利成果，积极维护开放型世界经济体制，提高国际法在全球治理中的地位和作用，推动建设和完善区域合作机制，加强国际社会应对资源能源安全、粮食安全、网络安全，应对气候变化，打击恐怖主义，防范重大传染性疾病等全球性挑战的能力。

全球经济治理是全球治理体系的重要内容。全球经济增长动能不足，贫富差距、南北差距问题更加突出，变革全球经济治理体系是大势所趋。必须坚持与时俱进，建设公正合理的全球经济治理模式。要以平等为基础，更好反映世界经济格局新现实，增加新兴市场国家和发展中国家代表性和发言权，确保各国在国际经济合作中权利平等、机会平等、规则平等。以开放为导向，坚持理念、政策、机制开放，适应形势变化，广纳良言，充分听取社会各界建议和诉求，鼓励各方积极参与和融入，不搞排他性安排，防止治理机制封闭化和规则碎片化。以合作为动力，加强沟通和协调，照顾彼此利益关切，共商规则，共建机制，共迎挑战。以共享为目标，提倡所有人参与，所有人受益，不搞一家独大或者赢者通吃，而是寻求利益共享，实现共赢目标。

中国是现行国际体系的参与者、建设者、贡献者，是国际合作的倡导者和国际多边主义的积极参与者。推动全球治理理念创新发展，积极发掘中华文化中积极的处世之道、治理理念同当今时代的共鸣点，努力为完善全球治理贡献中国智慧、中国力量。坚持从我国国情出发，坚持权利和义务相平衡，既积极参与全球治理，主动承担国际责任，也要尽力而为，量力而行。提高我国参与全球治理的能力，着力增强规则制定能力、议程设置能力、舆论宣传能力、统筹协调能力。加强全球治理人才队伍建设，培养熟悉党和国家方针政策、了解我国国情、具有全球视野、熟练运用外语、通晓国际规则、精通国际谈判的专业人才，为我国参与全球治理提供有力人才支撑。

第十一章　中国在若干重大国际问题上的立场

中国作为联合国安理会常任理事国和负责任的大国，为维护世界和平和促进人类共同发展作出了自己力所能及贡献，并在一系列国际问题诸如世界多极化、经济全球化、国际关系民主化、尊重世界多样性、反对霸权主义和强权政治、反对恐怖主义和加强联合国作用等问题上阐明了中国的原则立场，既恪守公认的国际关系准则、维护中国人民的根本利益，又符合世界各国人民的共同利益。

第一节　世界多极化问题

20世纪70年代以来、特别是冷战结束以后，世界多极化趋势在全球或地区范围内加速发展，这有利于世界的和平和发展，也引起了世界政要和各国学者的广泛关注。但是由于霸权主义和强权政治的存在，发展中国家整体实力有待增长，其他力量中心对美国的单极行为制约有限，致使多极化的最终形成将是一个长期、复杂和曲折的过程。有鉴于此，我国领导人在各种重大国际场合深刻阐述了关于世界多极化的观点和主张，并且采取积极有效的措施，努力推动世界多极化的发展进程。其主要表现如下：

一、世界多极化的表现

关于世界多极化问题，邓小平曾经指出："世界格局将来是三极也好，四极也好，五极也好，苏联总还是多极中的一个，不管它怎么削弱，甚至有几个加盟共和国退出去。所谓多极，中国算一极，中国不要贬低自己，怎么样也算一极。"[①]江泽民同志进一步指出："世界正在走向多极化，这是当今国际形势的一个突出特点。无论是在全球还是在地区范围内，无论是在政治还是在经济

---

① 《邓小平文选》第三卷，人民出版社1993年版，第353页。

领域，多极化趋势都在加速发展。"①

　　首先，大国关系经过深刻调整，多个力量中心正在形成。"一超多强"就是世界多极化的表现形式之一。"一超"美国是政治、经济、军事等综合国力最强大的国家，是世界上最强大的一极，在国际事务中起着举足轻重的作用。"多强"就是世界其他地区保持和发展着的几个力量中心诸如欧盟、俄罗斯、日本、中国等。欧盟经济一体化取得显著进展，其国民生产总值已超过美国，东扩、南下战略已经展开，制宪进程已经启动，共同的外交和防务在加强。欧盟作为重要的一极，将在国际事务中发挥更大的作用。俄罗斯综合国力受到削弱，虽不能与前苏联相比，但其国土面积仍居世界第一位，很多矿藏资源的储量居世界前列，居民受教育的程度很高。目前的俄罗斯经济发展呈恢复性增长，政局基本保持稳定，特别是拥有以庞大核武库为基础的强大军事力量，仍然在世界上发挥着重要作用。日本虽近年来经济发展持续低迷，但其作为世界重要经济大国的地位，并未根本动摇，并且以经济实力为后盾，借助日美政治军事同盟，走向政治大国的步伐明显加快，其欲作为世界一极发挥作用，不可小视。中华人民共和国成立后、特别是十一届三中全会以来，我国实行改革开放政策，经过20多年的发展，综合国力有了显著的增长，作为世界中的一极，发挥着越来越重要的作用。其他一些国家或国家集团如印度、巴西、东盟、阿盟等也在崛起，并希望成为世界上新的一极。

　　其次，正如江泽民同志指出："广大发展中国家的总体实力在增长，地位上升，成为国际舞台上不容忽视的一支重要力量。"②关于发展中国家的作用问题，邓小平曾经从世界和平和发展的高度论述过，"第三世界的力量，特别是第三世界国家中人口最多的中国的力量，是世界和平力量发展的重要因素，"③发展中国家的经济得不到发展，"西方面临的市场问题、经济问题，也难以解决"等。④ 从第三世界的崛起到今天，发展中国家在国际舞台上相互支持、相互理解，逐步团结起来，已经形成了一支新兴的国际力量，其国际地位已大大提高，在世界政治、经济、安全等领域中发挥着不可替代的积极作用，具体表现是：在冷战时期，由于民族解放运动的发展和第三世界的兴起，不断冲击着美苏两极国际格局，是导致雅尔塔体制解体和世界格局走向多极化的重要力

①　《江泽民论有中国特色社会主义》中央文献出版社 2002 年版，第 513 页。
②　《江泽民论有中国特色社会主义》中央文献出版社 2002 年版，第 513 页。
③　《邓小平文选》第三卷，人民出版社，第 105 页。
④　《邓小平文选》第三卷，人民出版社，第 79 页。

量；在联合国，广大发展中国家主持公道、伸张正义，不断地推动联合国在大会表决、维护和平、促进发展、解决国际争端等方面发挥着越来越大的积极作用，尽管联合国目前还存在不少问题。

第三世界大多数国家从独立之日起，就主张和平共处、不干涉他国内政、和平解决国际争端、反对军备竞赛等，它们是反对霸权主义、强权政治和维护世界和平和发展的主力军；发展中国家作为一个庞大的国际行为主体，其地域辽阔、人口众多、资源丰富，这些因素若能合理利用，将为世界经济的发展和繁荣提供广阔的空间。当前，很多发展中国家顺应世界经济全球化的趋势，从本国国情出发，已经或者正在走上具有本国特色的发展道路。正如江泽民同志指出："发展中国家的兴盛，还将为多极化格局奠定健康的基础，为公正合理的国际经济新秩序的建立提供有利条件，使持久的世界和平得到更加有力的保障。"①

再次，各类区域性、洲际性组织和国际会议日趋活跃。各种类型的国际组织和国际会议，由于其多元性、跨国性、调和性、超国家性等特点，近年来在国际社会中的地位和作用不断上升。全球性的国际组织如联合国，区域性的国际组织如欧盟、阿盟、非洲统一组织、亚太经合组织、安第斯集团等以及国际会议如联合国千年首脑会义、议长会议、南北峰会、亚欧会议等，通过双边或多边会议、论坛、协议、宣言等方式展开活动，在维护世界和平、促进经济发展、推动国际新秩序的建立、解决人类面临的共同问题等方面发挥了建设性的作用，尽管有些组织和会议的作用还不能够完全尽如人意，需要进一步完善和规范。

世界格局多极化发展趋势，反映了国际关系的深刻变化和历史发展的必然，其特点正如江泽民同志指出："这种多极化格局，不同于历史上大国争霸，瓜分势力范围的局面。各国应该是独立自主的，各国的相互合作及各种形式的伙伴关系，不应针对第三方。大国对于维护世界和地区的和平负有重要责任，大国应该尊重小国，强国应该扶持弱国，富国应该帮助穷国。"②这种多极化格局，是时代进步的要求，符合世界各国人民的利益，有利于抑制和削弱霸权主义和强权政治，有利于世界和平、发展和安全，有利于推动国际政治经济新秩序的建立。

---

① 《江泽民论有中国特色社会主义》，中央文献出版社 2002 年版，第 512 页。

② 《江泽民论有中国特色社会主义》，中央文献出版社 2002 年版，第 517 页。

二、世界多极化的曲折性

当前，国际形势总体上趋向缓和，和平与发展仍然是当今世界的主题，世界多极化和经济全球化趋势在继续发展，但多极化格局的最终形成正如江泽民同志指出："将经历一个漫长、曲折、复杂的演进过程。"①

究其原因之一，冷战思维仍然存在，霸权主义和强权政治是阻碍世界多极化的主要障碍。冷战结束以后，随着国际力量对比的变化，美国的霸权主义有新的表现：在战略上，无论是老布什的"超越遏制战略"、克林顿的"参与和扩展战略"，还是小布什的"先发制人战略"以及奥巴马的"亚太再平衡战略"等，都是以领导世界为目标，竭力谋求全球霸主地位；在政治上，以维护"民主"、"人权"为名，向社会主义国家和发展中国家发动新的冷战，肆意干涉别国内政；在经济上，利用经济全球化的发展趋势，凭借经济、贸易、金融、科技等优势，在世界各地进行经济渗透，力图建立经济霸权，主导世界经济秩序；在军事上，以打击恐怖主义为名，大力推行新干涉主义，甚至绕过联合国，违背公认的国际关系准则，对主权国家如南联盟和伊拉克等大打出手；在文化上，凭借大众传媒工具和文化交流，向别国进行文化渗透，利用文民差异大做文章，企图挑起不同文明之间的冲突等。所有这一切不仅恶化了国际形势，使当前及未来世界充满了不少变数，而且严重阻碍世界多极化的发展。

原因之二，国际经济旧秩序及其他负面因素影响，制约了发展中国家整体作用的发挥。国际经济旧秩序的存在，是帝国主义时代殖民政策的产物和表现。二战结束以后，广大殖民地、半殖民地国家纷纷获得独立，旧的殖民体系土崩瓦解。虽然当前经济全球化迅速发展，世界各国相互依存加深，但是发达国家仍然采用新殖民主义的手法，力图维护国际经济旧秩序，损害发展中国家的利益。具体做法是：在国际生产领域，利用不合理的国际分工使发展中国家在资金、技术、工业制成品和消费品等方面严重依赖发达国家，在世界范围内保持发达国家技术、资金、工业制成品中心和发展中国家原料产地、商品销售市场、劳动密集型产品的国际生产格局；在世界市场上，通过垄断价格对发展中国家进行不等价的商品交换，牟取暴利；在国际货币金融体系方面，发达国家利用其占主导地位的组织原则和表决权，几乎使符合它们利益的大多数提案都能够获得通过。国际经济旧秩序的存在，是造成南北差距进一扩大的根本原因。它既影响世界经济的健康发展，又使发展中国家在某种程度上仍未摆脱被

---

① 《江泽民论有中国特色社会主义》，中央文献出版社 2002 年版，第 518 页。

剥削、遭掠夺的地位。此外，东欧剧变、苏联解体，两极格局终结，美国成为唯一的超级大国，聚合第三世界国家这个群体的外部环境发生了很大变化，使第三世界国家已不再具有在两极格局中作为"中间地带"的战略地位。在两极格局中被掩盖的民族、领土、宗教等方面的矛盾凸现出来，再加上西方国家在发展中国家推行民主化、多党制、私有化等，又诱发了新的矛盾，这些新旧矛盾相护交织，从而破坏了发展中国家的内部团结。因此，所有这些不利因素的存在，影响了发展中国家作为整体一极抑制霸权主义、强权政治和在国际事务中发挥更大作用的能力。

原因之三，其他力量中心与美国综合国力相比还存在一定差距，对美国的制约作用有限。虽然欧盟的经济一体化取得显著进展，总体经济实力已经超过美国，但由于政治、防务、外交等方面一体化进展相对滞后，综合实力仍然逊于美国。再加上美国的挑拨，欧洲内部所谓"新欧洲"成员国如波兰、捷克、匈牙利等，更重要的是作为美国的重要伙伴行事，特别是在军事上仍离不开美国的保护，因而难以作为独立的一级发挥完全作用。尽管以法、德、比等为代表的所谓"老欧洲"国家主张世界多级化，对美国的单级谋霸行为有一定的抵制作用，但仍无力阻止它。例如2003年3月，法、德联合俄罗斯仍无力阻止美英绕开联合国，对主权国家伊拉克进行军事打击等。日本走向政治大国的既定目标不会改变，不能排除它取得阶段性成果的可能性。但日本经济的脆弱性不仅会使日本的经济大国地位受到影响，还直接制约其在国际社会发挥政治作用。此外，日本对美国有较大的依赖性，甚至对美国的霸权行为有一定程度的默认和附和。再者，日本至今尚未正确对待其侵略历史，亚洲各国人民对日本的一举一动不得不高度关注，甚至有一定程度的牵制作用。由于以上因素的存在，日本最终实现政治大国的目标并作为完全独立的一极在国际社会中发挥作用，还尚需时日。俄罗斯就领土、资源、军事实力等方面而言，堪称世界大国，其发展成为未来多极化格局中重要一极的潜力不可低估，但目前综合国力与美国相比还存在很大差距，虽强烈反对美国单极谋霸行为，但仍无力阻止美英对主权国家南联盟及伊拉克发动武装进攻。中国作为多极化世界中的一极，虽然它的综合国力目前居世界第二位，但与美国相比仍有较大的差距，这在一定程度上影响了它反对霸权主义、强权政治和维护世界和平、促进世界发展的行为能力。目前，欧盟、日本、俄罗斯、中国等力量中心与"一超"美国的关系仍以合作为主，虽不满于美国绕开联合国、违背公认的国际法准则的行为，对其进行多方面的牵制，甚至强烈反对，但都无意与美国全面对抗，这在一定程度上助长了美国的单极谋霸行为。以上因素表明，多极化格局的最终形成是一个充满复杂斗争的长期过程，正如江泽民同志指出："世界多极化格局的形成尽管还是一个长期的过程，但这种趋势已成为一种不可阻挡的历史潮流。"①

三、积极推动世界多极化

江泽民同志指出："推动世界格局走向多极化，是时代进步的要求，符合各国人民的利益，有利于世界和平与安全。"②有鉴于此，我国几代领导人一贯积极推动世界多极化的进程。其具体作法是：

第一，反对霸权主义和强权政治，维护世界和平。反对霸权主义、强权政治和维护世界和平，这是我们的一贯立场，也是世界人民面临的一项长期任务。为此，我们必须始终不渝地奉行独立自主的和平外交政策，对于一切国际事务，我们都要从中国人民和世界人民的根本利益出发，根据事情本身的是非曲直决定自己的立场和政策；不屈服于任何外来压力，不同任何大国或国家集团结盟，不参加军备竞赛，不进行军事扩张；我们应该加快改革开放和社会主义现代化建设步伐，集中力量把国民经济搞上去，全面实行小康社会目标，不断提高我国的综合国力，这是反对霸权主义和强权政治，保证国家长治久安的根本所在。此外，我们还应该与国际社会特别是发展中国家一道，努力推动国际新秩序的建立，维护联合国的权威和在世界事务中的主导地位，共同致力于反对霸权主义和强权政治，推动世界多极化，维护世界和平与发展的重任。

第二，正确引导经济全球化的发展。经济全球化趋势是世界经济和国际形势发展的一个突出特点，是"社会生产力发展的客观要求和必然结果，"③并给各国的发展带来了新的机遇。经济全球化有利于促进资本、技术、知识、劳动力等生产要素在全球范围内的优化配置；有利于包括中国在内的发展中国家从发达国家引进资金、技术、人才和先进管理经验；有利于展中国家和发达国家优势互补，推动世界生产力的发展。但是经济全球化是一把双刃剑，正如江泽民同志指出："它给各国各地区提供了新的发展机遇，同时也提出了新的挑战。"④因为经济全球化是由发达国家主导，在国际经济旧秩序没有根本改变的情况下进行的，势必会使发展中国家处于相对不利地位，导致南北差距的进一

①　闫韵等编：《江泽民同志理论论述大事纪要》(下)，中共中央党校出版社 1998 年版，第 782 页。

②　江泽民：《在联合国千年首脑会议上的讲话》，载《人民日报》2000 年 9 月 7 日。

③　《江泽民论有中国特色社会主义》，中央文献出版社 2002 年版，第 519 页。

④　《江泽民论有中国特色社会主义》，中央文献出版社 2002 年版，第 518 页。

步扩大，并进而对发展中国家的主权形成严峻挑战。有鉴于此，国际社会应该共同努力，正确引导经济全球化的发展方向，以实现共存共赢的目标。

第三，推进国际关系民主化。所谓国际关系民主化，正如江泽民同志指出："就是各国的事情要由各国人民作主，国际上的事情要由各国平等协商，全球性的挑战要由各国合作应对。"①具体而言，就是各国有权根据自己的国情选择自己的社会制度、意识形态和价值观念，别国无权干涉；国家不分大小、强弱、贫富，都是国际社会平等的成员，任何国家都不应该谋求霸权；国际争端应由有关国家平等协商，通过和平谈判解决，任何国家都不应该诉诸武力或以武力相威胁；各国的经济交往应遵循平等互利、共同发展的原则，反对经济交往中的歧视性政策，更反对动辄对别国进行经济制裁；应尊重世界的多样性，各种文明和社会制度应该而且可以长期共存，在竞争中取长补短，在合作中求同存异等。国际关系民主化是历史发展的必然和时代进步的产物，尽管它的实现道路是曲折漫长的，但其发展趋势是不可阻挡的。

第四，树立新的安全观。国际关系的实践表明，和平不能依靠武力来实现，更不能凭借军事同盟来维持。建立军事集团，扩大军事同盟，只会制造更多新的不稳定因素，无助于世界的和平和安全。任何国家都不应该把自己的安全建立在损害他国安全利益的基础之上。国际社会应摒弃冷战思维，树立以互信、互利、平等、协作为核心的新安全观，努力营造长期稳定的国际和平环境，才能从根本上减少不安全因素，有效应对全球安全挑战，维护全球战略平衡和稳定。例如在中俄推动下建立的"上海合作组织"，首倡了以相互信任、裁军与合作安全为内涵的新型安全观，提供了以大小国共同倡导、安全先行、互利协作为特征的新安全模式，为国际社会建立新安全模式树立了典范。

第五，广泛建立伙伴关系。进入 20 世纪 90 年代下半期以来，在不结盟、不对抗、不针对第三国的基础上，我国广泛地同许多国家或国家集团建立起了或明确宣告了伙伴关系。例如中俄战略协作伙伴关系、中美建设性伙伴关系、中欧全面伙伴关系、中日致力于面向 21 世纪的和平与发展的友好合作伙伴关系、中国和东盟睦邻互信伙伴关系等。这些伙伴关系的建立，不仅在国际上营造了一种和平气氛，为建立国家之间的新型关系树立了典范，而且推动了世界的多极化。

我们党几代中央领导集体关于推进世界多极化的理论和实践，受到了广大发展中国家的普遍赞赏，也得到了部分发达国家的认同，尽管实现这一目标任

---

① 《江泽民论有中国特色社会主义》，中央文献出版社 2002 年版，第 526 页。

重道远，中国将一如既往地和全世界爱好和平、向往进步的国家和人民一道，为实现这一崇高目标而作出不懈的努力。

第二节　经济全球化问题

经济全球化是当前世界经济发展的一个重要特征，它是科学技术和社会生产力发展的必然结果，并进而引起了全球生产、贸易、金融等方面的深刻变化，既给世界各国的发展提供了新的重要机遇，同时也给世界各国、特别是对发展中国家带来了严峻挑战。有鉴于此，国际社会应该采取积极有效的措施，正确引导经济全球化的发展方向，以实现世界各国共存共赢的目的。

一、经济全球化的历程及表现

江泽民同志指出："经济全球化是当今世界的一个基本经济特征，"①是"世界经济和科技发展的产物"。② 所谓经济全球化，主要是指"生产要素以空前的规模和速度在全球范围内的跨国界流动、国际经济联系变量连续变化而导致的一国市场同国际市场的融合，并最终朝着无国界方向转变的现实和过程"。③ 经济全球化并不是从来就有的，它是世界经济和科技发展到一定阶段的产物和表现。在资本主义生产方式产生之前，不存在严格意义上的经济全球化。由于受当时科学技术和生产力发展水平的限制，世界上绝大多数国家几乎处于闭关自守和相互隔绝状态，就是偶尔有经济交往，也是零碎的、不系统的，一般只局限在特定的地区和特定的领域之内。随着新航路的开辟，特别是18 世纪中叶工业革命的兴起，极大地促进了资本主义生产力的发展和生产关系的深刻变革，并最终导致资本主义生产方式的确立和在欧洲主要国家内占据统治地位。由于不断开拓市场的需要，驱使资产阶级奔走于全球各地，从而把越来越多的国家转入到国际分工、国际交往和世界市场中来，从而促进了世界经济的形成和发展，并开始了经济全球化进程。正如马克思所指出："资产阶级，由于开拓了世界市场，使一切国家的生产和消费都成为世界性的……过去那种地方的和民族的自给自足和闭关自守状态，被各民族的各方面的互相往来

---

① 《江泽民论有中国特色社会主义》，中央文献出版社 2002 年版，第 519 页。

② 《江泽民论有中国特色社会主义》，中央文献出版社 2002 年版，第 514 页。

③ 刘德斌著：《国际关系史》，高等教育出版社 2002 年版，第 518 页。

和各方面的互相依赖所代替了。"①恩格斯也指出："单是大工业建立了世界市场这一点，就把全球各国人民，尤其是各文明国家的人民，彼此紧紧地联系起来，以至每一个国家的人民都受到另一国家发生的事情的影响。"②19 世纪末和 20 世纪初，资本主义从自由竞争阶段发展到垄断阶段，借助先进的科学技术、交通工具的改进和通讯技术的提高，帝国主义通过资本输出、国际贸易和殖民战争，进一步向世界各地渗透，从而加快了经济全球化进程。第二次世界大战以后，特别是第三次科技革命浪潮的兴起，加速了生产、贸易和金融的全球化，从而极大地推动了世界经济的发展。早在 20 世纪 80 年代中期，邓小平就敏锐地注意到全球经济的互相联系问题，他认为，包括苏联、东欧、西欧、北美、日本、大洋洲、澳大利亚和新西兰这些发达国家在内的十一二亿人口的继续发展，不可能以第三世界国家 30 多亿人口的继续贫困为基础，并指出："南方要改变贫穷和落后，北方也需要南方发展。南方不发展，北方还有什么市场。"③"世界市场的扩大，如果只在发达国家中间兜圈子，那是很有限度的。"④冷战的终结为经济全球化的发展提供了契机，从当前世界经济发展状况来看，正如江泽民同志指出："全球化趋势愈益明显。"⑤主要表现是：

其一，江泽民同志指出："科技进步突飞猛进。"⑥电子计算机的应用、信息技术的开发、新材料、新能源、基因工程、海洋工程、航天技术等高新技术的运用，正在改变着传统的生产方式和生活方式，给人类社会的发展提供了新的强大动力。发展的优势蕴藏于知识和科技之中，知识或智力资源的占有、配置、生产和运用，已经成为各国经济增长的主要推动力量。社会财富日益向拥有知识和科技优势的国家和地区聚集，谁在知识和科技创新上占有优势，谁就在发展上占据主导地位；反之，则会非常被动，甚至有可能受制于人。未来国家之间的竞争将是以经济和科技为核心的综合国力的较量，正因为如此，世界各国特别是大国都在抓紧制订面向 21 世纪的发展战略，以便抢占高新技术和关键技术的制高点。

其二，国际分工、贸易、投资和金融流动不断扩大。由于第三次科技革命的巨大影响，导致了一系列新型工业部门的出现，从而有力地促进了生产力的

---

① 《马克思恩格斯选集》第 1 卷，人民出版社 1995 年版，第 276 页。
② 《马克思恩格斯选集》第 1 卷，人民出版社 1995 年版，第 241 页。
③ 《邓小平文选》第 3 卷，人民出版社 1993 年版，第 96 页。
④ 《邓小平文选》第 3 卷，人民出版社 1993 年版，第 79 页。
⑤ 《江泽民论有中国特色社会主义》，中央文献出版社 2002 年版，第 514 页。
⑥ 《江泽民论有中国特色社会主义》，中央文献出版社 2002 年版，第 516 页。

发展，也极大地促进了国际分工的深化。国际分工进一步分化，产业内分工得到更大发展，产生了为在全球合理配置生产要素的强烈需要和各种手段，这一切又促进了国际贸易和国际投资的迅速增长。当前，国际贸易获得空前发展，贸易的商品结构、地区结构分别出现了工业制成品比重超过初级产品和发展中国在国际贸易中比重上升的趋势。贸易形式则出现了包括对销贸易、加工贸易、租赁贸易等在内的多样化趋势。以 WTO 多个回合协议的签订为标志，构建起了世界多边贸易体制的初步框架，极大地带动了出口贸易和国际投资的迅猛发展。据联合国贸发会议《2003 年世界投资报告》的统计数字表明，国际投资正在不断扩大。2003 年外国直接投资企业在全球的投资存量超过了 4 万亿美元，比 2002 年增长了 20% 以上。外国直接投资额增长近 45%，达到 7000 亿美元以上。金融国际化进程加快，正如江泽民同志指出："国际金融越来越活跃，对经济发展的影响越来越大。"①由于信息技术的迅速发展，互联网、电子货币等金融工具和国际金融业运作方式得到不断创新，致使资金流通速度加快，交易规模扩大。据国际货币基金组织估算，全球每天的外汇成交量达到 13000 亿美元左右。国际资本流动加快，带来的金融风险也随之增大，如不有效加以监控，就有可能发生金融危机那样的突发事件，给有关国家及世界经济造成危害。

其三，江泽民同志指出："世界经济技术合作加强。"②经济市场化、贸易与投资国际化、区域经济集团化的步伐加快，各国经济联系日益紧密，相互依存和优势互补也更加明显。同时，全球市场、资金、资源、人才的争夺矛盾更加尖锐，世界范围内的贸易竞争和国与国之间经济实力的较量越来越激烈，摩擦和争端也在加剧。这些问题的解决，首先有赖于各个国家的自身努力，同时也需要地区性、全球性的广泛合作，才不至于对有关国家的经济发展造成损害，确保世界经济的可持续发展。正因为如此，江泽民同志指出："经济生活的国际化，要求各国在经济、科技、金融、贸易等领域开展广泛的交流与合作，摒弃贸易保护主义和贸易歧视政策。"③

其四，江泽民同志指出："世界范围内正在进行经济结构调整。"④近年来，世界各国尤其是发达国家的产业结构、产品结构、企业结构发生了重大变化。

---

① 《江泽民论有中国特色社会主义》，中央文献出版社 2002 年版，第 514 页。
② 《江泽民论有中国特色社会主义》，中央文献出版社 2002 年版，第 514 页。
③ 《十四大以来重要文献选编》(中)，人民出版社 1996 年版，第 1555 页。
④ 《江泽民论有中国特色社会主义》，中央文献出版社 2002 年版，第 516 页。

新型产业不断涌现，特别是信息产业的发展，促使传统产业向高科技、高附加值产业转变。新产品层出不穷，高科技产品在社会生产中所占的比重日益增大。西方发达国家企业购并风潮迭起，强强联合的大型企业或特大型企业不断出现，大大提高了它们抢占市场、开发资源、垄断技术、获取超额利润的能力。而很多发展中国家也在对其经济结构进行战略性调整，用现代技术改造和提升农业、工业和服务业，把信息化和工业化结合起来，带动产业结构与产业素质提高到一个新水平。

其五，江泽民同志指出："跨国公司的影响力日益增大。"[①]二战结束以后，特别是 20 世纪 90 年代以来，跨国公司的迅速扩张成为经济全球化的重要推进器，是先进管理技术、组织创新、研究开发、国际直接投资和国际金融的重要载体。由于拥有巨大的经济实力，跨国公司通过跨国界的经营活动，促进了国际生产、贸易和资本的国际化和世界经济一体化的进程。通过投资方向的选择和投资规模的大小，跨国公司对整个世界经济体系的运行都能产生至关重要的影响。同时，为了改善自身的经营条件和投资环境，跨国公司必然会利用自己的经济实力去主动积极地影响母国和东道国的内政外交和相互关系，以确保其超额利润的攫起。此外，由于拥有跨国界的权力而不对任何具体国家负责的优势，跨国公司便形成了一种超越国家之上的、相对独立的特殊力量，从而直接地参与国际事务，对国际政治的发展起着一定程度的影响和制约作用。

二、经济全球化的双重效应

江泽民同志指出："经济全球化，是社会生产力发展的客观要求和必然结果，有利于生产要素在全球范围内的优化配置，带来了新的发展机遇。"[②]其主要表现是：

第一，经济全球化使生产资源得以在全世界范围内有效配置，使发达国家和发展中国家有可能实现优势互补，促进各国经济效益的提高和推动世界经济的发展。

第二，经济全球化使各国企业在市场上的竞争更加剧烈，迫使各国深化产业结构调整，改善经营管理，积极开发高新产品，提高劳动生产率，从而促进世界生产力的发展。

第三，科技研究与开发，随着经济全球化的发展，超越了个别国家个别研

---

① 《江泽民论有中国特色社会主义》，中央文献出版社 2002 年版，第 516 页。

② 《江泽民论有中国特色社会主义》，中央文献出版社 2002 年版，第 519 页。

究机构的界限，它要求更广泛的国际参与和共同合作，这会促进科技更快的发展和加快科技成果转化为现实生产力的步伐。

第四，经济全球化使各国相互依存进一步加深，有利于各国各地区加强经济技术合作，同时也有利于全球性共同问题的解决，从而保持世界经济的繁荣和国际社会的稳定等。

但经济全球化是一把双刃剑，正如江泽民同志指出："它给世界各国带来发展的机遇，同时也带来严峻的挑战和风险。"[①]因为经济全球化是由发达国家主导，在国际经济旧秩序没有根本改变的情况下进行的，发达国家垄断了绝大部分高新技术，掌控了雄厚了资本和先进的生产力，在总体上处于优势地位，自然成为经济全球化的最大受益者。而对发展中国而言，一部分国家通过改革开放、利用后发优势以及长期积累的基础，实现了经济超常规发展，成功地从经济全球化中获益。例如在亚洲，先有四小龙的崛起，又有东盟、印度等国的发展，中国改革开放几十年来所取得的成绩举视瞩目，还有拉美有些国家或地区的经济发展也很迅速。其他发展中国家正如江泽民同志指出，"由于经济发展水平较低，利用机遇和防范风险的能力较弱，相对处于不利地位，"[②]有的甚至"面临着进一步被边缘化的危险"。[③] 其主要表现是：

其一，南北差距的扩大。江泽民同志指出："目前的经济全球化进程，正在导致南北差距的进一步扩大。"[④]据 2003 年世界银行公布的数据表明，占世界人口 20%左右的发达国家，拥有世界生产总值的 80%以上，而占世界人口 80%以上的发展中国家只占 14%。当前，美、欧、日在世界经济格局中处于主导地位，2003 年其国内生产总值占世界的总量超过 70%。同时，它们还掌控着全球的金融资本，垄断着对外贸易和高科技研发等关系到国家发展的重要领域。发展中国家的外债总额高达 2.2 万亿美元，其中三分之二是长期国债，平均每人欠西方约 420 美元。在 20 世纪 60 年代，世界上最发达国家与最贫穷国家收入差距是 30 倍，目前上升到 90 倍以上。1974 年联合国确认的最不发达国家是 19 个，到 2003 年增加到 49 个，它们中的绝大部分国家的人均日收入不到 2 美元。在信息技术已成为 21 世纪的经济增长重要动力的时代，信息领域的差距必然会进一步拉大南北经济发展的差距，并会加剧各个国家内部不

① 《江泽民论有中国特色社会主义》，中央文献出版社 2002 年版，第 515 页。
② 《江泽民论有中国特色社会主义》，中央文献出版社 2002 年版，第 516 页。
③ 《江泽民论有中国特色社会主义》，中央文献出版社 2002 年版，第 519 页。
④ 《江泽民论有中国特色社会主义》，中央文献出版社 2002 年版，第 519 页。

同社会群体之间的贫富矛盾，甚至引发社会冲突和动荡。这些既不利于经济的健康发展，也不利于地区和世界的和平与稳定。

其二，发展中国家民族经济发展面临更大的压力。在经济全球化浪潮下，发达国家利用自己的产业优势，在许多领域对发展中国家的民族产业实行全行业垄断，并危及有关国家的产业安全。

首先，在产业结构调整方面，发达国家利用其技术优势，提升第三产业在国民经济中的比重，集中精力发展技术含量、高信息含量和高附加值的高新产业，而把第一、第二产业中的传统工业、污染严重的工业和一级技术成熟的产业向发展中国家转移。而对绝大多数国家来说，结构调整和产业升级面临着资金、技术等很多困难，从而会拉大和发达国家的产业结构差。

其次，在经营战略方面，发达国家凭借资金、技术、信息和人才优势，通过跨国公司的兼并和联合，进一步发展其高度发达的集约型经济，重视质量和效益的统一，发挥规模经营的效益。而大多数发展中国家的经济属于粗放型、数量型经济，无法与发达国家的集约型、质量型经济相比，再加上它们无力组建跨国公司和特大型企业，推出名牌产品，这会使它们在全球竞争中处于不利地位，并将导致很多企业受到冲击破产，造成大量人口失业等问题。

再次，在科技人才方面，发展中国家面临更严峻的挑战。江泽民同志指出："世纪之交，世界经济发展的一个明显趋势，就是科学技术的发展日新月异，科技在经济发展中的作用越来越大。"[①]正因为如此，世界各国普遍重视科学技术的研究和开发，而对人才的争夺又是其中的重中之重。由于发达国家科技管理水平高、科研设备先进、工资待遇高等优越条件，致使发展中国家的很多科技人才流向发达国家，这加剧了发展中国家的人才短缺和在科技竞争中的劣势，并会削弱发展中国家未来发展的后劲，不利发展中国家提高自身的综合国力。

其三，发展中国家的经济风险加大。经济全球化使发展中国家经济与世界经济更紧密地联系在一起，使它们更容易受到国际经济活动的影响。由于发展中国家在国际经济事务中的权力相对弱小，防范金融风险的能力较差，再加上近些年来国际资本流动加快，资本市场上短期游资的投机行为大量增加，给它们带来了严重金融风险。在经济全球化条件下，一旦发展中国家政策失误，就有可能被国际投机势力所利用，对它们造成损害。如果某些国家和地区发生经济危机或金融动荡，必然会通过贸易、金融和投资等渠道产生连动效应，正如

---

① 《江泽民论有中国特色社会主义》，中央文献出版社 2002 年版，第 233 页。

江泽民同志所指出"就会对世界各国特别是发展中国家造成强烈冲击"。① 例如墨西哥、东南亚金融危机就突出地说明了这一点。

其四，发展中国家的主权受到威胁。随着经济全球化的不断深化，国家主权也因国家间壁垒的不断消除而受到不同程度的削弱。几乎所有国家的关税壁垒、非关税壁垒和金融货币政策，都因全球化发展进程不断深入而很难再保持完全的自主性。西方发达国家通过跨国公司和受它们控制的国际经济组织，加紧向发展中国家进行经济渗透和扩张，在全世界争夺资源和市场，同时极力推销它们的社会制度、发展模式和价值观念，企图通过经济全球化实现资本主义的一统天下，这使广大发展中国家的经济主权、国家安全面临着严峻挑战和威胁。

三、正确引导经济全球化的发展方向

面对经济全球化带来的机遇和挑战，江泽民同志指出："国际社会应共同努力，趋利避害，实现共存共赢，使经济全球化朝着有利于世界经济平衡、稳定和可持续发展的方向前进。"②这不仅是实现各国共同发展的需要，也是维护世界和平与稳定的要求。为此，我们应该在如下方面作出努力：

第一，江泽民同志指出"广大发展中国家加强团结，共同致力于建立公正合理的国际政治经济新秩序。"③这种国际新秩序要从当今世界的实际情况出发，反映世界各国人民的普遍愿望和共同利益，体现历史发展和时代进步的要求。具体而言，在政治上各国应相互尊重，共同协商，而不应把自己的意志强加于人；在经济上相互促进，共同发展，而不应造成贫富悬殊；在安全上应相互信任，共同维护以互信、互利、平等、协作为核心的新安全观，通过对话和合作解决争端；在文化上应相互借鉴，共同繁荣，而不应排斥其他民族的文化等。此外，国际社会应密切合作，共同解决人类面临的诸如环境恶化、生态失衡、人口膨胀、粮食短缺、毒品走私、疾病蔓延、恐怖主义泛滥等普遍性问题，这不仅使世界经济可持续发展具有重要意义，也有利于国际新秩序的建立。

第二，全面推进南南合作。南南合作是发展中国家建立在相互尊重领土主权、平等互利、互不干涉内政基础上的新型国家关系，正如江泽民同志指出：

---

① 《江泽民论有中国特色社会主义》，中央文献出版社 2002 年版，第 519 页。
② 《江泽民论有中国特色社会主义》，中央文献出版社 2002 年版，第 524 页。
③ 《江泽民论有中国特色社会主义》，中央文献出版社 2002 年版，第 557 页。

"这是发展中国家共同应对国际形势变化，提高整体实力和国际地位的重要途径。"①发展中国家之间相互合作具有坚实的基础，首先，它们的根本利益是一致的。大多数发展中国家具有共同的历史遭遇，都曾经是帝国主义的殖民地半殖民地，独立后，它们都面临着发展民族经济，在国际事务中反对霸权主义、强权政治和建立国际新秩序等多重任务。因此，对于共同利益的维护，使发展中国家易于彼此理解、相互支持和合作。其次，它们相互合作具有广泛性。发展中国家拥有丰富的自然资源，很多矿藏的储量占世界的比例很高，不少资源的全部或大部分出产于发展中国家。再加上众多的人口和巨大的市场容量，蕴含着经济发展的巨大潜力。这些为南南合作提供了广阔的空间。再次，它们的经济具有很强的互补性。发展中国家数目众多，其经济发展水平呈现多层次性，既有新兴的工业国，它们经济结构齐全、技术先进、资金充足等，也有农业国，它们经济结构比较单一、技术落后、资金短缺等。这种相互需求的互补性，为发展中国家的经济合作提供了便利和可能。因此，发展中国家要努力探寻和开拓新途径、新方式，深入挖掘各自的生产和科技潜力，互助互补，相互促进。同时，要妥善处理双方之间存在的民族、领土、宗教以及其他有可能造成负面影响的问题，以求得南南合作的健康发展。近年来，以中国和东盟的关系为例，南南合作取得了很大进展。20 世纪 90 年代初以来，东盟就希望中国成为其对话国，中国对此表示了积极的态度。1997 年 12 月，中国和东盟一致同意"建立面向 21 世纪的睦邻互信伙伴关系，"标志着中国和东盟的关系进入到一个新阶段。此后，双方关系不断改善和发展。例如"10+1"机制的建立；2002 年 11 月，中国和东盟签署了《全面经济合作框架协议》，决定到 2010 年建立中国—东盟自由贸易区。同时，中国和东盟还签署了《南海各方行为宣言》，就和平解决争议、共同维护地区稳定和开展南海合作达成共识；2003 年 10 月，中国和东盟共同发表了《中国—东盟面向和平与繁荣的战略伙伴关系联合宣言》，中国正式加入《东南亚友好合作条约》等。这些合作提升了双方的政治关系，促进了经济发展，加强了安全合作。正如江泽民同志指出："中国与东盟的友好合作，不仅利在双方，而且惠及亚太。"②

　　第三，积极参与南北对话，促进改善南北关系。南北关系是发展中国家与发达国家政治、经济等方面关系的综合，是由历史上帝国主义与殖民地、半殖民地及附属国家关系演变而来的。冷战结束后，南北矛盾不仅依然存在，而且

---

　　① 《江泽民论有中国特色社会主义》，中央文献出版社 2002 年版，第 557 页。

　　② 《江泽民论有中国特色社会主义》，中央文献出版社 2002 年版，第 556 页。

有所加深，并出现了一些新情况。主要是：国际经济旧秩序还在损害广大发展中国家的利益，贸易保护主义和歧视政策还没有完全改观，致使南北差距进一步扩大，它既给发展中国家的经济造成损害，也不利于世界经济的繁荣。同时部分发达国家还利用"民主"、"人权"等借口干涉发展中国家的内政，使不少发展中国家的政局长期动荡不安，不利于地区及世界的和平与稳定。发达国家在现代化过程中对发展中国家是欠了债的，它们的剥削和掠夺是造成大多数发展中国家贫困的主要根源。因此，发达国家应该本着平等互利、相互尊重的原则，在提供资金、转让技术、减免债务等方面切实帮助发展中国家加强自我发展的能力。同时，南北国家应当求同存异，开展对话，避免对抗，共同为解决世界和平与发展作出贡献。近年来，以亚欧会议为例，南北对话也取得了一定成效。参加亚欧会议的20多个成员国，人口约23亿，国内生产总值占世界的一半左右，市场容量巨大，双方在经贸、科技、资源等方面互补性强。亚欧会议自1995年成立以来，已成功地举办了9次会议，亚欧国家在政治对话、经贸合作、文化交流等方面取得了显著成果。就中欧关系而言，中国和欧盟是一对实力与影响力都在不断上升的国家和国家集团，双方在维护世界和平与稳定、促进经济共同发展等方面，有着广泛的共同利益。从地缘政治角度来看，中欧相距遥远，没有根本利害冲突；在国际问题上有相同或相似的看法，易于彼此理解和支持；在经贸、科技、市场等方面合作潜力巨大。以经贸关系为例，目前中国和欧盟都是双方的第三大贸易伙伴，双方贸易额在2003年已超过了2500亿美元，占中国贸易额的35%左右。同时，欧盟成员国在华合同外资金额达197亿美元，实际投资金额为139亿美元，占当年外资在华合同总数的24%和投资总额的26%。若中欧双方能相互尊重、求同存异，定能把中欧关系推进到一个新水平，并为南北对话树立典范。

第四，发展中国家应努力增加自我发展的潜力。正如江泽民同志指出："这是发展中国家实现加快发展、增强实力的基本途径。"①发展中国家应当顺应经济全球化的潮流，加快对外开放的步伐，抓住机遇，趋利避害；逐步地推进政治体制改革，扩大国内民主，加强法制建设，充分发挥广大人民的积极性和创造性；稳步地进行经济体制改革，调整国内产业结构，制定适合本国国情的经济发展战略；同时，加快其他方面的配套改革，促进整个国家的协调发展；特别是要加强科技教育事业，增加科技投入，发展高科技产业，争取实现经济跨越式的发展等。总之，正如江泽民同志指出："历史经验表明，发展中

① 《江泽民论有中国特色社会主义》，中央文献出版社2002年版，第558页。

国家只有加强团结合作，求得经济的健康发展，才能立足于民族之林，才能有效抵制霸权主义和外来干涉，捍卫自己的独立、主权和权益。"①

第三节　国际关系民主化问题

国际关系民主化是国际政治理论研究的重要问题之一，它反映了世界和平与发展的进步潮流，符合世界各国人民的共同利益，也是我们党几代中央领导集体一贯倡导的思想。但由于霸权主义和强权政治的存在，发展中国家整体实力有待提高，其他力量中心对美国的单边主义行为制约有限，致使国际关系民主化的最终实现是一个长期、复杂的过程。有鉴于此，我们应该采取行之有效的措施，努力推动国际关系民主化进程。

一、我们党几代中央领导集体一贯主张实现国际关系民主化

中华人民共和国成立以后，我国党几代领导人就十分注重国际关系的民主化问题。以毛泽东同志为核心的党的第一代中央领导集体，虽然没有明确提出国际关系民主化的概念，但他们的外交理论与实践，包含了我们今天主张推进国际关系民主化的很多内容。

首先，毛泽东同志非常强调反对超级大国的霸权主义。他指出："美、苏两国都有核武器，想统治全世界"，②"美国如果还象今天这样到处干涉、控制，我们还是要反对。"③"国内的事情要由国内人民解决，国际间的事要由大家商量解决，不能由两个大国来决定。"④其后他又提出了三个世界划分的理论，号召亚非拉第三世界国家团结起来，并联合第二世界，建立反对美苏霸权主义的国际统一战线。

其次，毛泽东同志认为，和平共处五项原则是处理国与国之间关系的基本准则。他指出："和平共处五项原则是一个长期的方针"，⑤"应当把五项原则推广到所有国家关系中去"。⑥和平共处五项原则是国际关系中最主要、最核心的原则之一，并且是中国领导人对国际法和国际关系民主化事业作出的杰出

① 《江泽民论有中国特色社会主义》，中央文献出版社 2002 年版，第 544 页。
② 《毛泽东外交文选》，中央文献出版社 1995 年版，第 507 页。
③ 《毛泽东外交文选》，中央文献出版社 1995 年版，第 525 页。
④ 《毛泽东外交文选》，中央文献出版社 1995 年版，第 453 页。
⑤ 《毛泽东外交文选》，中央文献出版社 1995 年版，第 177 页。
⑥ 《毛泽东外交文选》，中央文献出版社 1995 年版，第 165 页。

贡献。

再次，毛泽东同志主张世界各国一律平等。他指出："我们认为，国家不应该分大小。我们反对大国有特别的权利，因为这样就把大国小国放在不平等的地位"，"不应该把自己的意志、政策和思想强加在小国身上"等。①

中共十一届三中全会以来，以邓小平同志为核心的党的第二代中央领导集体，对国际关系民主化作出了新的贡献，其主要表现就是国际新秩序的建设。

其一，以和平共处五项原则为基础建立国际新秩序。邓小平指出："世界上现在有两件事情要同时做，一个是建立国际政治新秩序，一个是建立国际经济新秩序。"②关于以什么样的原则指导国际新秩序建设问题，他指出："现在确实需要以和平共处五项原则作为新的国际政治、经济秩序的准则。"③

其二，大小国相互尊重，一律平等。邓小平指出："国家不分大小、强弱都相互尊重，一律平等相待。"④

其三，反对霸权主义和强权政治，维护世界和平。邓小平指出："中国的对外政策，主要是两句话，一句话是反对霸权主义，维护世界和平。"⑤我们"高举反对霸权主义、维护世界和平的旗帜，谁搞霸权就反对谁，谁搞战争就反对谁。"⑥

其四，和平解决国际争端。邓小平指出："解决国际争端，要根据新情况、新问题、提出新办法。"⑦"找个什么办法，不用战争手段而用和平方式，来解决这种问题。"⑧

其五，不以社会制度和意识形态划线。邓小平指出："中国观察国际关系问题不是看社会制度。"⑨"考虑国与国之间的关系主要应该从国家自身的战略利益出发，同时也尊重对方利益，而不去计较历史的恩怨，不去计较社会制度和意识形态的差别"⑩等。

---

① 《毛泽东外交文选》中央文献出版社 1995 年版，第 191 页。
② 《邓小平文选》第三卷，人民出版社 1993 年版，第 282 页。
③ 《邓小平文选》第三卷，人民出版社 1993 年版，第 360 页。
④ 《邓小平文选》第三卷，人民出版社 1993 年版，第 330 页。
⑤ 《邓小平文选》第三卷，人民出版社 1993 年版，第 56 页。
⑥ 《邓小平文选》第三卷，人民出版社 1993 年版，第 128 页。
⑦ 《邓小平文选》第三卷，人民出版社 1993 年版，第 78 页。
⑧ 《邓小平文选》第三卷，人民出版社 1993 年版，第 49 页。
⑨ 《邓小平文选》第三卷，人民出版社 1993 年版，第 168 页。
⑩ 《邓小平文选》第三卷，人民出版社 1993 年版，第 330 页。

中共十三届四中全会以来，以江泽民同志为核心的党的第三代中央领导集体，在对外交往实践中，比较完整系统地阐述了国际关系民主化思想，从而进一步丰富和发展了毛泽东、邓小平关于国际关系民主化的理论与实践。江泽民同志指出："国际关系民主化，就是各国的事情要由各国人民作主，国际上的事情要由各国平等协商，全球性的挑战要由各国合作应对。"①具体而言：

在政治上，正如江泽民同志指出："应该保障各国享有主权平等和内政不受干涉的权利。"②各国有权根据自己的国情选择社会制度、意识形态和发展道路，别国无权干涉。国家不分大小、强弱、贫富、都是国际社会平等的一员，都有平等地参与国际事务的权力。任何国家都不能凌驾于国际社会之上，更不能够谋求霸权和强权。联合国的维和活动应量力而行，必须征得当事方的同意，恪守和平、中立、非自卫不使用武力和安理会授权等基本原则，不能成为变向干涉别国内政和谋求私利的工具。

在经济上，正如江泽民同志指出："坚持互利合作、共同发展的原则。"③发达国家和发展中国家应该相互合作，平等互利，共同发展，特别是要保障广大发展中国家的发展权利。发展中国家经济的发展，对发达国家经济的发展和实现世界持久和平至关重要。发达国家应该在提供资金、转让技术和减免债务等方面切实帮助广大发展中国家增强自我发展的能力，而不能只是一味地从发展中国家谋取资源、市场和利润等。国际社会应共同努力，采取积极有效的措施维护世界各国特别是发展中国家的正当权益。

在安全上，正如江泽民同志指出："应树立以互信、互利、平等、协作为核心的新安全观。"④国际关系的实践表明，和平不能靠武力来实现，更不能依赖军事同盟来维持。建立军事集团，扩大大军事同盟，只会加剧地区和国际局势的紧张和不安，并且会制造更多新的不稳定因素，无助于世界的和平和安全。国际社会应摒弃不是结盟就是对抗的冷战安全观，牢固树立以互信、互利、平等、协作为核心的新安全观，努力营造长期稳定的国际和平环境，才能

---

① 《江泽民论有中国特色社会主义》（专题摘编），中央文献出版社 2002 年版，第 526 页。

② 《江泽民论有中国特色社会主义》（专题摘编），中央文献出版社 2002 年版，第 543 页。

③ 《江泽民论有中国特色社会主义》（专题摘编），中央文献出版社 2002 年版，第 542 页。

④ 《江泽民论有中国特色社会主义》（专题摘编），中央文献出版社 2002 年版，第 535 页。

从根本上减少不安全因素，从而有效应对全球安全挑战，维护全球战略平衡和稳定，确保世界和平和繁荣。

在文化上，正如江泽民同志指出："应保障各民族和各种文明的共同发展权利。"①世界由 200 多个国家组成，这些国家表现在社会制度、意识形态、价值观念和文化传统等方面不一样。各种文明的多样性，是人类社会的基本特征，也是当今社会的客观现实，更是世界充满活力的根本原因。各个国家和民族的不同文明，不应该成为双方发展友好合作关系的障碍，而应该在平等的基础上开展对话和交流，在比较中取长补短，在合作中求同存异，在丰富和发展自己文明的同时，推动人类文明走向新的繁荣。

二、国际关系民主化的长期性和复杂性

国际关系民主化是时代和国际关系发展的必然要求和归宿，是建立公正、合理的国际新秩序的必要条件，同时也是国际社会特别是广大发展中国家的普遍愿望和共同追求。作为一种发展趋势，国际关系民主化是不可逆转的，但作为一种历史进程，其实现道路又是曲折、复杂和漫长的，究其原因：

第一，霸权主义和强权政治的存在。霸权主义和强权政治的存在，是国际关系民主化的最大障碍。当前，虽然要和平、求合作、促发展是世界人民的心声，但冷战思维依然存在，霸权主义和强权政治不仅没有收敛，反而正如江泽民同志指出："霸权主义和强权政治有新的表现。"②在政治上，以维护"民主"、"人权"为名，向社会主义国家和发展中国家发动新的冷战，企图把自己的社会制度、经济模式和价值观念强加于人，肆意干涉别国内政；在经济上，利用经济全球化的发展趋势，仰仗不公正、不合理的国际经济旧秩序的存在，凭借经济、贸易、金融、科技等优势，在世界各地进行经济渗透，力图建立经济霸权；在军事上，以打击恐怖主义为名，大力推行新干涉主义，甚至绕过联合国，违背公认的国际关系准则，对主权国家大打出手；在文化上，凭借大众传媒工具和文化交流，向别国进行文化渗透，甚至利用文明差异大做文章，企图挑起不同文明之间的冲突等。所有这一切不仅恶化了国际形势，使当前及未来世界充满了不少变数，而且严重阻碍了国际关系民主化的发展。

---

① 《江泽民论有中国特色社会主义》（专题摘编），中央文献出版社 2002 年版，第 544 页。

② 江泽民：《全面建设小康社会，开创中国特色社会主义事业新局面》，人民出版社 2002 年版，第 47 页。

第二，国际经济旧秩序及其他负面因素影响，制约了发展中国家整体作用的发挥。国际经济旧秩序的存在，是帝国主义时代殖民政策的产物和表现。"二战"结束以后，广大殖民地、半殖民地国家纷纷获得民族独立，旧的殖民体系土崩瓦解。虽然当前经济全球化迅速发展，世界各国依存加深，但是发达国家仍然采用新殖民主义的手段，力图维护国际经济旧秩序，损害发展中国家利益。其具体作法是：在国际生产领域，利用不合理的国际分工使发展中国家在资金、技术、工业制成品和消费品等方面严重依赖发达国家，在世界范围内保持发达国家技术、资金、工业制成品中心和发展中国家原料产地、商品销售市场、劳动密集型产品的国际生产格局；在世界市场上，通过垄断价格对发展中国家进行不等价的商品交换，牟取暴利；在国际货币金融体系方面，发达国家利用其占主导地位的组织原则和表决权，几乎使符合他们利益的大多数提案都能够获得通过。今天，南北差距的扩大，广大发展中国家的落后和贫困的主要原因，正如江泽民同志指出："主要是历史上殖民主义统治以及现实的不公正、不合理国际经济秩序造成的。"①除此之外，东欧剧变、苏联解体，两极格局终结，美国成为唯一的超级大国，聚合第三世界国家这个群体的外部环境发生了很大变化，使第三世界国家已不再具有在两极格局中作为"中间地带"的战略地位。在两极格局中被掩盖的民族、领土、宗教等方面的矛盾凸现出来，再加上西方发达国家在发展中国家推行民主化、多党制、私有化等，又诱发了新的矛盾，这些新旧矛盾相互交织，从而破坏了发展中国家的内部团结。因此，所有这些不利因素的存在，影响了发展中国家作为一个整体抑制霸权主义、强权政治和推动国际关系民主化的力量。

第三，其他力量中心与美国综合国力相比还存在一定差距，对美国的制约作用有限。

三、采取积极有效的措施促进国际关系民主化

纵观目前的国际形势，和平与发展仍是当今时代的主题，世界多极化和经济全球化趋势继续发展，在可预见的时期内，世界大战打不起来，世界各国人民争取较长时期的国际和平环境是可以实现的。但除以上提到霸权主义和强权政治有新的表现外，还有诸如国际旧秩序没有根本改变，影响和平与发展的不确定因素在增加，传统安全威胁和非传统安全威胁相互交织，恐怖主义危害上

---

① 《江泽民论有中国特色社会主义》（专题摘编），中央文献出版社2002年版，第512页。

升，因民族、领土、宗教等引发的冲突时起时伏，南北差距进一步扩大，环境恶化、生态失衡、疾病蔓延等人类面临的共同性问题增加，世界仍不得安定。有鉴于此，江泽民同志指出："应该推进国际关系民主化，协商解决国际问题，共同应对人类面临的挑战。"①有鉴于此，中共领导人积极积极采取有效措施推动国际关系民主化的进程。其具体做法是：

第一，各国应恪守联合国宪章的宗旨和原则及其他公认的国际关系准则。江泽民同志指出："宪章就是一部国与国关系的指南，为我们指明了应循之路，各国都应该严格照章办事。"②联合国宪章的宗旨和原则为每个成员国规定了相应的权利和义务，是维护国际和平和安全的政治基础，是联合国的最高纲领。这些宗旨和原则高度概括了当今国际关系中，首先是双边关系中必须遵循的基本原则，是对几个世界以来旧的国际关系准则的彻底否定和批判，反映了国际关系的本质要求，符合世界上绝大多数成员国的普遍愿望和共同利益，成为公认的国际关系准则。联合国成立以来半个多世纪的实践表明，只要恪守联合国宪章的宗旨和原则，社会制度不同的国家也可以和平共处、相安无事；反之，社会制度相同的国家也会发生矛盾、冲突甚至战争。除此之外，中国提出的和平共处五项原则，经受了国际风云变幻的考验，不仅有效地维护了发展中国家的独立和主权，为南南合作及南北关系的发展注入了积极因素，丰富了当代国际法内涵，显示了普遍适用性，各国也应该遵守。再者，其他公认的国际关系准则，与联合国宪章的宗旨和原则及和平共处五项原则的精神是并行不悖的，各国也不应违背。

第二，反对霸权主义和强权政治。江泽民同志指出："要反对霸权主义，维护世界和平。"③这是我们的一贯立场，也是世界人民面临的一项长期任务。当今世界的唯一超级大国仰仗其超强实力，大肆推行单边主义，动辄使用武力或以武力相威胁，力图建立由其主导的世界秩序。美国的所作所为，是导致国际局势紧张的主要根源，并且严重阻碍了国际关系民主化的进程。有鉴于此，我们必须始终不渝地奉行独立自主的和平外交政策，对于一切国际事务，我们都要从中国人民和世界人民的根本利益出发，根据事情本身的是非曲直决定自

---

① 《江泽民论有中国特色社会主义》(专题摘编)，中央文献出版社 2002 年版，第 544 页。

② 《江泽民论有中国特色社会主义》(专题摘编)，中央文献出版社 2002 年版，第 543 页。

③ 《江泽民论有中国特色社会主义》(专题摘编)，中央文献出版社 2002 年版，第 534 页。

己的立场和政策；不屈服于任何外来压力，不同任何大国或国家集团结盟，不参加军备竞赛，不进行军事扩张；谁搞霸权主义就反对谁，谁搞侵略就反对谁；我们应该加快改革开放和社会主义现代化建设步伐，集中力量把国民经济搞上去，全面实现小康社会目标，不断提高我国的综合国力，这是反对霸权主义和强权政治的根本所在。此外，我们应该与国际社会特别是发展中国家一道，努力推动国际新秩序的建立，维护联合国的权威和在世界事务中的主导地位，共同抵制、牵制和孤立单极谋霸行为，才能为实现国际关系民主化开辟更广阔的道路。

第三，积极推进世界多极化。当前，世界格局正在走向多极化，这是国际形势的一个突出特点。无论是在全球还是在地区范围内，无论是在政治还是在经济领域，多极化趋势都在加速发展。大国关系经过深刻的调整，多个力量中心正在形成；发展中国家整体实力在增长，地位上升，已成为国际舞台上不容忽视的一支重要力量；各类区域性、洲际性组织和国际会议日趋活跃等。这种多极化格局，不同于历史上大国争霸，瓜分势力范围的局面。各国应该是独立自主的，各国的相互合作及各种形式的伙伴关系，不应针对第三方。大国对于维护世界和平和发展负有重要责任，大国应该尊重小国，强国应该扶持弱国，富国应该帮助穷国。正因为如此，江泽民同志指出："世界政治多极化的发展，有利于推动国际关系民主化。"[1]因此，我们应采取积极有效的措施，努力推动世界格局走向多极化，这是时代进步的要求，符合世界各国人民的利益，有利于抑制和削弱霸权主义、强权政治，有利于世界和平和安全。

第四，正确引导经济全球化的发展。经济全球化趋势是世界经济和国际形势发展的又一个突出特点，是社会生产力发展的客观要求和必然结果，并给各国的发展带来了新的机遇。经济全球化有利于资本、技术、知识、劳动力等生产要素在全球范围内的优化配置；有利于包括中国在内的发展中国家从发达国家引进资金、技术、人才和先进管理经验；有利于发展中国家和发达国家优势互补，推动世界生产力的发展。但是经济全球化是一把双刃剑，正如江泽民同志指出："它给各国各地区提供了新的发展机遇，同时也提出了新的挑战。"[2]因为经济全球化是由发达国家主导，并在国际经济旧秩序没有根本改变的情况下进行的，势必会使发展中国家相对处于不利地位，导致南北差距进一步扩大，并进而对发展中国家主权形成严峻挑战。有鉴于此，

---

① 《江泽民论有中国特色社会主义》(专题摘编)，中央文献出版社2002年版，第544页。

② 《江泽民论有中国特色社会主义》(专题摘编)，中央文献出版社2002年版，第518页。

国际社会应该共同努力，正确引导经济全球化的发展方向，以实现共存共赢的目标。这不仅是繁荣世界经济的需要，同时也是为国际关系民主化奠定坚实基础的需要。

第五，广泛建立各种形式的伙伴关系。进入 20 世纪 90 年代下半期以来，在不结盟、不对抗、不针对第三国的基础之上，我国广泛地同许多国家或国家集团建立起了或明确宣告了多个伙伴关系。例如中俄战略协作伙伴关系、中美建设性伙伴关系、中欧全面伙伴关系、中日致力于面向 21 世纪的和平与发展的友好合作伙伴关系、中国和东盟睦邻互信伙伴关系等。这些伙伴关系的建立，不仅在国际上营造了一种和平气氛，为建立国家之间的新型关系树立了典范，而且推动了国际关系民主化。

中国领导人关于推进国际关系民主化的理论和实践，受到了广大发展中国家的普遍赞赏，也得到了部分发达国家的认同，尽管实现这一目标任重而道远，但中国将一如既往地和全世界爱好和平、向往进步的国家和人民一道，为此作出不懈的努力。

第四节 尊重世界多样性问题

世界的多样性是国际社会的现实，也是国际政治理论研究的重要问题之一，并且尊重世界多样性是新中国几代领导人所一贯坚持的思想。但由于违背公认国际关系准则的霸权和强权政治的存在，发展中国家整体实力需要不断提高，其他力量中心不能够完全制约美国的单极谋霸行为等，致使世界多样性发展是一个长期、曲折的过程。有鉴于此，我们应该采取积极有效的措施，推动世界多样性的发展进程。

一、新中国几代中央领导集体一贯重视世界的多样性问题

新中国成立以后，我们党的几代中央领导人就十分注重世界的多样性问题。以毛泽东同志为核心的党的第一代中央领导集体的外交理论和实践，就包含了今天我们主张尊重世界多样性的很多内容，例如毛泽东同志曾指出："事物的多样性是世界的实况。马克思主义也是承认事物的多样性的，这是同形而上学不同的地方。"[1]他针对当时不同国家和国家群体存在多种矛盾的状况，提出了三个世界划分的理论。他指出："我看美国、苏联是第一世界。中间派，

----

[1] 《毛泽东外交文选》，中央文献出版社 1995 年版，第 590 页。

日本、欧洲、澳大利亚、加拿大，是第二世界。咱们是第三世界……亚洲除了日本，都是第三世界。整个非洲都是第三世界，拉丁美洲也是第三世界。"①在这个理论中，毛泽东同志分析了多种矛盾的不同特点。他认为，美、苏原子弹多，比较富，既压迫第二世界，更压迫第三世界，是世界人民的敌人，处于矛盾的主要方面。第二世界国家和第一世界美苏有矛盾，和第三世界国家既有矛盾，也存在共同之处。因此，毛泽东同志号召亚非拉第三世界国家团结起来，并联合第二世界，建立反对美苏霸权主义的国际统一战线。20 世纪 50 年代初期，面对社会主义国家、资本主义国家、民族独立国家等不同类型国家存在的客观现实，毛泽东同志认为，和平共处五项原则是处理不同类型国家之间关系的基础。他指出："和平共处五项原则是一个长期的方针"，② "应该把五项原则推广到所有国家关系中去。"③后来，根据世界出现多种多样问题的情况，他指出："国内的事情由国内人民解决，国际间的事要由大家商量解决，不能由两个大国来决定"，④ 并初步分析了世界格局多极化等问题。

中共十一届三中全会以来，以邓小平同志为核心的党的第二代中央领导集体，对世界多样性的发展作出了新的贡献。第一，他认为世界多样性是客观现实和人类社会发展的重要条件，并做出对外开放的战略决策。他指出："对外开放具有重要意义，任何一个国家要发展，孤立起来，闭关自守是不可能的"，⑤ "关起门来搞建设是不能成功的，中国的发展离不开世界。"⑥第二，邓小平认为，中国要吸收和借鉴一切国家和民族的文明成果，指出："不加强国际交往，不引进发达国家的先进经验、先进科学技术和资金是不可能的，"⑦ "我们要向资本主义发达国家学习先进的科学、技术、经营管理方法以及其它一切有益的知识和文化。"⑧第三，邓小平进一步指出了世界多样化问题，他说："世界格局将来是三极也好，四极也好，五极也好，苏联总还是多极中的一个，不管它怎么削弱，甚至有几个加盟国退出去。所谓多极，中国算一极，

① 《毛泽东外交文选》，中央文献出版社 1995 年版，第 117 页。
② 《毛泽东外交文选》，中央文献出版社 1995 年版，第 78 页。
③ 《毛泽东外交文选》，中央文献出版社 1995 年版，第 117 页。
④ 《毛泽东外交文选》，中央文献出版社 1995 年版，第 44 页。
⑤ 《邓小平文选》第 3 卷，人民出版社 1993 年版，第 353 页。
⑥ 《邓小平文选》第 3 卷，人民出版社 1993 年版，第 311 页。
⑦ 《邓小平文选》第 3 卷，人民出版社 1993 年版，第 369 页。
⑧ 《邓小平文选》第 3 卷，人民出版社 1993 年版，第 213 页。

中国不要贬低自己，怎么样也算一极。"①第四，冷战结束后，针对西方国家在全世界推广单一的资本主义社会制度和发展模式，邓小平指出："整个帝国主义西方世界企图使社会主义各国都放弃社会主义道路，最终纳入国际垄断资本的统治，纳入资主义轨道。"②"少数国家垄断一切，这种形式过去多少年没有解决任何问题，今后也不能解决任何问题。"③此外，还有诸如加强南南合作，改善南北关系，以和平共处五项原则建立国际新秩序等。

中共十三届四中全会以来，以江泽民同志为核心的党的第三代中央领导集体，在对外交往实践中，比较完整系统地阐述了尊重世界多样性的思想，从而进一步丰富和发展了毛泽东、邓小平关于世界多样性的理论和实践。江泽民同志指出："世界约有200个国家，无论是社会制度、价值观念和发展模式，还是历史传统、宗教信仰和文化背景，都存在着差异……没有多样化，就不成其为世界。"④具体而言：

其一，正如江泽民同志指出："多样性是世界存在的本质特征。"⑤从地理环境来看，有内陆国家、沿海国家、岛国和海洋国家；有土地辽阔的泱泱大国，也有位居一隅的蕞尔小国；有人口多达十几亿的大国，也有人口只有几千人的小国；有资源丰富的国家，也有资源馈乏的国家等。从经济模式来看，有实行计划经济的国家，也有实行市场经济的国家；有实行以国家调控为主的国家，也有实行自由市场经济为主的国家。从意识形态、价值观念和历史文化等方面看，有信仰资本主义的国家，也有信仰社会主义和共产主义的国家，还有信仰其他本民族主义的国家；有历史长达几千年的国家，也有建国只有几十年的国家；有信仰这种宗教的国家，也有信仰那种宗教的国家，还有以某种宗教为主，其他宗教并存的国家；有基督教文化，儒教文化，也有伊斯兰文化、印度教文化等其他文化。

其二，正如江泽民同志指出："各国文明的多样性……也是人类文明进步

---

① 《邓小平文选》第3卷，人民出版社1993年版，第153页。

② 《邓小平文选》第3卷，人民出版社1993年版，第241页。

③ 《邓小平文选》第3卷，人民出版社1993年版，第154页。

④ 《江泽民论有中国特色社会主义》(专题摘编)，中央文献出版社2002年版，第539页。

⑤ 《江泽民论有中国特色社会主义》(专题摘编)，中央文献出版社2002年版，第526页。

的动力。"①各个国家和民族在其发展过程中，创造了各具特色的文明，这些不同文明的存在，不应该成为发展友好合作关系的障碍，而应该在平等的基础上开展对话和交流，在比较中取长补短，在合作中求同存异，在丰富和发展自己文明的同时，推动人类文明走向新的繁荣。那种认为本民族文明至上，鄙视甚至排斥其他文明，利用文明差异大做文章，企图挑起不同文明之间冲突的做法，是错误的，它不利于世界文明的进步，并会危害世界的和平与发展。

二、尊重世界文明多样性的障碍因素

尊重世界的多样性是国际关系发展的必然要求，是建立国际新秩序的重要条件，符合国际社会特别是广大发展中国家的普遍愿望和共同利益。世界多样性作为一种发展趋势，是不可阻挡的，但其实现道路是曲折、漫长的。其主要原因是：

第一，霸权主义和强权主义的存在。霸权主义和强权政治的存在，是世界多样性发展的最大障碍。当前，正如江泽民同志指出："霸权主义和强权政治有新的表现。"②这就是，极少数西方国家打着"自由"、"民主"、"人权"等旗号，向社会主义国家和第三世界国家发动新的冷战，肆意干涉别国内政；利用经济全球化的发展趋势，仰仗不公正、不合理的国际经济旧秩序，凭借经济、贸易、金融、科技等优势在世界各地进行经济渗透，力图主导世界经济秩序；以打击恐怖主义为名，行干涉别国内政之实，甚至绕过联合国，赤裸裸地违背公认的国际关系准则，动辄使用武力或以武力相威胁，对主权国家诸如南联盟、伊拉克等大打出手；凭借大众传媒工具和文化交流，向其他国家进行文化渗透，企图建立文化霸权等。以上所作所为，违背了时代潮流，损害了各国人民的根本利益，理所当然地要受到抵制和反对。正如江泽民同志指出："不顾当代世界丰富多彩的客观实际，企图把自己的社会制度、发展模式和价值观念强加于人，动辄以孤立、制裁相威胁，这种霸道行为只能以损人开始，以害己告终。"③

反对霸权主义和强权政治，推动世界多样性发展，这是我们的一贯立场，

---

① 《江泽民论有中国特色社会主义》(专题摘编)，中央文献出版社 2002 年版，第 535 页。

② 《江泽民论有中国特色社会主义》(专题摘编)，中央文献出版社 2002 年版，第 535 页。

③ 《江泽民论有中国特色社会主义》(专题摘编)，中央文献出版社 2002 年版，第 543 页。

也是世界人民面临的一项长期任务。有鉴于此，我们必须始终不渝地奉行独立自主的和平外交政策，对于一切国际事务，我们都要从中国人民和世界人民的根本利益出发，根据事情本身的是非曲折决定自己的立场和政策；不屈服于任何外来压力，不同任何大国和国家集团结盟，不参加军备竞赛，不进行军事扩张；谁搞霸权主义就反对谁，谁搞侵略就反对谁；我们应该加快改革开放和社会主义现代化建设步伐，集中力量把国民经济搞上去，全面实现小康社会目标，不断提高我国的综合国力，这是反对霸权主义和强权政治的根本所在。此外，我们还应该与国际社会特别是发展中国家一道，努力推动国际新秩序的建立，共同致力于反对霸权主义和强权政治，推动世界多样性发展。

第二，发展中国家整体实力有待提高。从第三世界国家的掘起到今天，发展中国家的整体经济实力有了显著的增长，其国际政治地位已大大提高，在世界事务中的发言权和影响力正在不断增大，已成为国际舞台上不容忽视的一支重要力量。但国际经济旧秩序还没有完全改观，某些发达国家仍然采用新殖民主义的手法，损害发展中国家的利益。在国际生产领域，利用不合理的国际分工使发展中国家在资金、技术、工业制成品和消费品等方面严重依赖发达国家，在世界范围内保持发达国家技术、资金、工业制成品中心和发展中国家原料产地、商品销售市场、劳动密集型产品的国际生产格局；在世界市场上，通过垄断价格对发展中国家进行不等价的商品交换，牟取暴利；在国际货币金融体系方面，发达国家利用其占主导地位的组织原则和表决权，几乎使符合他们利益的大多数提案都能够获得通过。今天，南北差距的进一步扩大，广大发展中国家的贫困和落后正如江泽民同志指出："主要是历史上殖民主义的统治以及现实的不公正、不合理国际经济秩序造成的。"[①]其次，东欧剧变、苏联解体，两极格局终结，美国成为唯一超级大国，聚合第三世界上国家这个群体的外部环境发生了很大变化，使第三世界不再具有在两极格局中作为"中间地带"的战略地位。再次，在两极格局中被掩盖的民族、领土、宗教等方面的矛盾凸现出来，再加上西方国家在发展中国家推行民主化、多党制、私有化等，又诱发了新的矛盾和冲突，这些新旧矛盾和冲突相互交织，从而破坏了发展中国家的内部团结。由于以上不利因素的存在，影响了发展中国家作为一个整体抑制霸权主义、强权政治和推动世界多样性发展的力量。

第三，其他重要国家或力量中心对美国的制约作用有限。其他国家或力量

---

① 《江泽民论有中国特色社会主义》（专题摘编），中央文献出版社2002年版，第526页。

中心在此是指欧盟、日本、俄罗斯、中国等国家和国家集团。

三、采取有效措施推进世界多样性发展

江泽民同志指出："应尊重各国的历史文化、社会制度和发展模式，承认世界多样性的现实。"①有鉴于此，我们党和国家领导人积极制定承认世界多样性的战略，具体而言：

第一，各国应恪守联合国宪章的宗旨和原则及其他公认的国际关系准则。江泽民同志指出："宪章就是一部国与国关系的指南，为我们指明了应循之路，各国应该严格照章办事。"②联合国宪章的宗旨和原则高度概括了当今国际关系中，首先是双边关系中必须遵循的基本原则，是对几个世界以来旧的国际关系准则的彻底否定和批判，反映了国际关系的本质要求，符合世界上绝大多数成员国的普遍愿望和共同利益，成为公认的国际关系准则。联合国成立以来半个多世纪的实践表明，只要恪守联合国宪章的宗旨和原则，社会制度不同的国家也可以和平共处，相安无事；反之，社会制度相同的国家也会发生矛盾、冲突甚至战争。此外，中国倡导的和平共处五项原则，经受了国际风云变幻的考验，不仅有效地维护了发展中国家的独立和主权，为南南合作及南北关系的发展注入了积极因素，丰富了当代国际法的内涵，显示了普遍实用性，各国也应该遵守。再者，其他公认的国际关系准则，与联合国宪章的宗旨和原则以及和平共处五项原则的精神是并行不悖的，各国也不应违背。因此，只有恪守联和国宪章的宗旨和原则，和平共处五项原则及其他公认的国际关系准则，才不至于导致尊重世界多样性变成每个国家为所欲为、自行其是的局面，才能确保世界和平和繁荣。

第二，积极推进世界多极化。当前，世界格局正在走向多极化，这是国际形势发展的一个突出特点。正如江泽民同志指出："多极化趋势在全球或地区范围内，在政治、经济等领域都有新的发展。"③世界上各种力量出现了新的分化和组合，大国关系经历着重大而深刻的调整，多个力量中心正在形成；发展中国家整体实力有了一定程度的增长，地位上升；各类区域性、洲极性组织和

① 《江泽民论有中国特色社会主义》（专题摘编），中央文献出版社 2002 年版，第 553 页。

② 《江泽民论有中国特色社会主义》（专题摘编），中央文献出版社 2002 年版，第 543 页。

③ 《江泽民论有中国特色社会主义》（专题摘编），中央文献出版社 2002 年版，第 542 页。

国际会议日趋活跃等。这种多极化格局具有新的特点，它不同于历史上大国争霸、瓜分势力范围的局面。各国应该是独立自主的，各国的相互合作及各种形式的伙伴关系，应不结盟、不对抗、不针对第三方。大国对于维护世界和平和发展负有重要责任，大国应该尊重小国，强国应该扶持弱国，富国应该帮助穷国。因此，我们应该采取积极有效的措施，努力推动世界格局走向多极化，这是时代进步的要求，符合世界各国人民的利益，有利于抑制或削弱霸权强权，有利于世界多样性的发展和维护世界和平和安全。

第三，积极推进国际关系民主化。所谓国际关系民主化，正如江泽民同志指出："就是各国的事情要由各国人民作主，国际上的事情要由各国平等协商，全球性的挑战要由各国合作应对。"①具体而言，就是各国有权根据自己的国情选择社会制度、意识形态和价值观念，别国无权干涉；国家不分大小、强弱、贫富，都是国际社会的平等成员，都有平等地参与世界事务的权利，任何国家都不应该谋求霸权；国际争端应由有关国家平等协商，通过和平谈判解决，任何国家都不应该诉诸武力或以武力相威胁；各国的经济交往应遵循平等互利、共同发展的原则，反对经济交往中的歧视性政策，更反对动辄对别国进行经济制裁等。国际关系民主化的发展，有利于世界多极化，有利于国际新秩序的建立，有利于确保世界多样性的发展。

第三，正确引导经济全球化的发展。经济全球化趋势是世界经济和国际形势发展的又一个突出特点，是社会生产力发展的客观要求和必然结果，给各国的发展带来了新的机遇。经济全球化有利于资本、技术、知识、劳动力等生产要素在全球范围内优化配置；有利于包括中国在内的发展中国家从发达国家引进资金、技术、人才和先进管理经验；有利于发展中国家和发达国家优势互补，推动世界生产力的发展。但是经济全球化是一把双刃剑，正如江泽民同志指出："它给各国各地区提供了新的发展机遇，同时也提出了新的挑战。"②因为经济全球化是由发达国家主导，在国际经济旧秩序没有根本改变的情况下进行的，势必会使发展中国家相对处于不利地位，导致南北差距进一步扩大，并进而对发展中国家主权形成严峻挑战。有鉴于此，国际社会应正确引导经济全球化的发展方向，特别是发达国家应该本着平等互利、相互尊重的原则，在提

①　《江泽民论有中国特色社会主义》（专题摘编），中央文献出版社2002年版，第534页。

②　江泽民著：《全面建设小康社会，开创中国特色社会主义事业新局面》，人民出版社2002年版，第42页。

供资金、转让技术、减免债务等方面切实帮助发展中国家增加自我发展的能力。同时，南北国家应当求同存异、开展对话、避免对抗，以实现共存共赢目的，为世界多样性发展奠定坚实的基础。

第五，发展中国家应努力增强自我发展的能力，这是发展中国家实现加快发展，增强实力的基本途径。发展中国家应当顺应经济全球化潮流，努力探索适合本国国情的发展道路。加快对外开放的步伐，抓住机遇，趋利避害；逐步地推进政治体制改革，扩大国内民主，加强法制建设，充分发挥广大人民的积极性和创造性；稳步进行经济体制改革，调整国内产业结构，制定适合本国国情的经济发展战略；同时，加快其他方面的配套改革，促进整个国家的和谐发展，特别是要加强科技教育事业，增强科技投入，发展高科技产业，争取实现经济跨越式的发展等。总之，正如江泽民同志指出："历史经验表明，发展中国只有加强团结合作，求得经济的健康发展，才能立足于民族之林，才能有效抵制霸权主义和外来干涉，捍卫自己的独立、主权和权益。"[1]

世界多样化的发展潮流浩浩荡荡，顺之者倡，逆之者亡，那种"不承认，不尊重世界的多样性，企图建立清一色的一统天下，是注定要碰壁的。"[2]

第五节　反对霸权主义和强权政治问题

中华人民共和国成立以后，面对以美国为首的西方国家对我国实行政治上孤立、经济上封锁和军事上威胁等，我们党的几代领导人就强调反对霸权主义和强权政治的立场。当前，霸权主义和强权政治的存在并且有新的表现，是阻碍世界和平和发展的主要障碍。全面建设小康社会，需要一个和平稳定的国际环境。有鉴于此，我们必须始终不渝地奉行独立自主的和平外交政策，恪守联合国宪章的宗旨和原则，正确引导经济全球化的发展方向，推进国际关系民主化，正确引导经济全球化的发展方向，倡导新的安全观，反对西方敌对势力对我国的"西化"、"分化"图谋等。

一、反对霸权主义和强权政治是我们的一贯立场

中华人民共和国成立以后，为了维护我国的主权独立和世界和平，我们党

---

[1] 《十四大以来重要文献选编》，人民出版社 1997 年版，第 214 页。
[2] 闫韵著：《江泽民同志理论论述大事纪要》，中共中央党校出版社 1998 年版，第85 页。

几代中央领导集体就反对霸权主义和强权政治，并把它作为我们的一贯立场。在冷战时期，毛泽东同志就强调反对超级大国的霸权主义，并认为霸权主义是战争的根源。毛泽东同志指出，"美、苏两国都有核武器，想统治全世界"，①"美国如果还像今天这样到处干涉、控制，我们还是要反对，"②"国内的事要由国内人民解决，国际间的事要由大家商量解决，不能由两个大国来决定"。③后来在此基础上，毛泽东同志又明确提出了三个世界划分的理论，号召中国和世界人民尤其是第三世界各国人民团结起来，建立反霸统一战线的思想。

中共十一届三中全会以后，以邓小平同志为核心的党的第二代领导集体，就把反对霸权主义和强权政治、维护世界和平作为中国人民在 20 世纪 80 年代的三大任务之一，正如邓小平指出："反对霸权主义、维护世界和平是我们真实的正策，是我们对外正策的纲领。"④我们坚决地反对霸权主义和强权政治，自己也不称霸，永远站在第三世界一边，"中国永远不会称霸，永远不会欺负别人，永远站在第三世界一边。"⑤我们反对霸权主义和强权政治有一个重要原则，即不针对任何特定的国家或国家集团，"我们奉行独立自主的正确的外交路线和对外正策，高举反对霸权主义、维护世界和平的旗帜，坚定地站在和平力量一边，谁搞霸权主义就反对谁，谁搞战争就反对谁。"⑥包括中国在内的广大发展中国家的发展壮大，是反对霸权主义、强权政治和维护世界和平的有力保障，"第三世界的力量，特别是第三世界国家中人口最多的中国的力量"，"是世界和平力量发展的重要因素"。"中国发展得越强大，世界和平越靠得住。"⑦"中国能不能顶住霸权主义、强权政治的压力，坚持我们的社会主义制度，关键就看能不能争得较快的增长速度，实现我们的发展战略。"⑧反对霸权主义和强权政治是我们的一项长期任务，"这个任务还没有结束，可能至少还要进行一个世纪的斗争"。⑨

中共十三届四中全会以来，面对纷繁复杂、风云变幻的国际形势，以江泽

① 《毛泽东外交文选》，中央文献出版社 1995 年版，第 507 页。
② 《毛泽东外交文选》，中央文献出版社 1995 年版，第 525 页。
③ 《毛泽东外交文选》，中央文献出版社 1995 年版，第 590 页。
④ 《邓小平文选》第 2 卷，人民出版社 1994 年版，第 417 页。
⑤ 《邓小平文选》第 3 卷，人民出版社 1993 年版，第 56 页。
⑥ 《邓小平文选》第 3 卷，人民出版社 1993 年版，第 128 页。
⑦ 《邓小平文选》第 3 卷，人民出版社 1993 年版，第 104~105 页。
⑧ 《邓小平文选》第 3 卷，人民出版社 1993 年版，第 356 页。
⑨ 《邓小平文选》第 3 卷，人民出版社 1993 年版，第 289 页。

民同志为核心的党的第三代中央领导集体，进一步丰富和发展了毛泽东、邓小平关于反对霸权主义和强权政治的思想。当前，国际形势总体上趋向缓和，和平与发展是当今时代的主题，要和平、求合作、促发展是世界人民的呼声，在较长时间内不发生大规模的世界大战是有可能的。但正如江泽民同志指出："冷战思维依然存在，霸权主义和强权政治仍然是威胁世界和平与稳定的主要根源"，① 并且认为冷战结束后，随着国际力量对比的变化，"霸权主义和强权政治有新的表现"。② 主要是：在战略制订上，无论是克林顿的"参与和扩展"战略，还是小布什的"先发制人"战略，都是以领导世界为目标，竭力谋求全球霸主地位；在政治上，以维护"民主"、"人权"为名，向社会主义国家和第三世界国家发动新的冷战，企图把自己的社会制度、经济模式和价值观念强加于人，肆意干涉别国内政，以美国为首的北约甚至对主权国家南联盟大打出手；在经济上，利用经济全球化的发展趋势，仰仗不公正、不合理的国际经济旧秩序的存在，凭借经济、贸易、金融、科技等优势，在世界各地进行经济渗透，甚至动辄对别国进行经济制裁，力图主导世界经济秩序，建立经济霸权；在军事上，建立军事同盟，扩大军事集团，以打击恐怖主义为名，大力推行新干涉主义，甚至绕过联合国，违背公认的国际关系准则，对主权国家伊拉克实施打击，并进行军事占领；最后，西方敌对势力利用各种手段对我国进行"西化"、"分化"。主要作法是：利用西方的三权分立制度取代共产党领导的多党合作和政治协商制度、人民代表大会制度和人民民主专政制度；利用资本主义经济私有制取代社会主义经济公有制；出台美日防卫合作新指针及相关法案，启动战区导弹防御系统，对我国安全构成严重威胁；利用资本主义意识形态、价值观念、宗教信仰等进行思想渗透，以取代我国的马克思列宁主义理论的指导地位；插手我国的台湾、西藏等问题，对我国进行分裂活动等。

江泽民同志指出："美国仰仗其经济、科技和军事实力，继续推行霸权主义和强权政治，肆意干涉别国内政。它的所作所为已引起了越来越多的国家和人民的警觉。"③国际关系的实践表明，正常的国际关系只能建立在和平共处五项原则和其他公认的国际法准则基础之上。不顾世界多样性的客观实际，企图

---

① 《江泽民论有中国特色社会主义》（专题摘编），中央文献出版社 2002 年版，第 514 页。

② 江泽民著：《全面建设小康社会，开创中国特色社会主义事业新局面》，人民出版社 2002 年版，第 47 页。

③ 江泽民：《在欢迎我国驻南工作人员大会上的讲话》，1995 年 5 月 14 日《人民日报》。

把自己的社会制度、经济模式和价值观念强加于人，是行不通的。制造种种借口侵犯别国主权，干涉他国内政，是不得人心的。建立军事集团，扩大军事同盟，迷信武力，谋求霸权，推行扩张政策，注定要失败。利用不公正、不合理的国际经济旧秩序损害别国利益，把自己的发展建立在别国贫困的基础上，必将以损人开始，以害己告终。总之，正如江泽民同志指出："一切违背时代潮流，违反各国人民根本利益的行径，必然要受到抵制和反对。"①

中国领导人不仅在对外政策上强调反对霸权主义和强权政治的坚定立场，而且以实际行动作出了证明。例如新中国成立以后，面对美国的武装挑衅，我们进行了三年的抗美援朝战争，十多年的抗美援越斗争，后来又同苏联的霸权主义和其他地区霸权主义进行了坚决的斗争。与此同时，我们对亚非拉国家和人民反对帝国主义、殖民主义和霸权主义的斗争给予了力所能及的支持。在1999年4月北约轰炸我驻南使馆和2001年1月中美撞机事件中，针对美国的霸道行为，我们进行了有理、有利、有节的斗争。这些反对霸权主义和强权政治的行动，打击了霸权主义者的嚣张气焰，捍卫了我国的独立和主权，提高了我国的国际威望，维护了世界的和平和稳定。

二、反对霸权主义和强权政治的有效措施

我国现在并将长期处于社会主义初级阶段，基本实现现代化并达到全面建设小康社会的目标，任重而道远，迫切需要一个长期和平稳定的国际环境。正因为如此，江泽民同志在党的十六大报告中指出，"要反对霸权主义和强权政治，""维护我国的独立和主权，促进世界的和平与发展，""造成一个有利于我国现代化建设和改革开放的国际和平环境"。②

第一，无论国际风云如何变幻，我们必须始终不渝地奉行独立自主的和平外交政策。对于一切国际事务，我们都要从中国人民和世界人民的根本利益出发，根据事情本身的是非曲直，决定自己的立场和政策；不屈服于任何外来压力，不同任何大国或国家集团结盟，不搞军事集团，不参加军备竞赛，不进行军事扩张；在平等互利的基础上发展与各国的经济贸易往来；积极发展同一切国家的友好关系，特别是保持和发展同周边国家的睦邻友好关系，加强同第三

① 《江泽民论有中国特色社会主义》(专题摘编)，中央文献出版社2002年版，第534页。

② 《江泽民论有中国特色社会主义》(专题摘编)，中央文献出版社2002年版，第528页。

世界国家的团结和合作；按照独立自主、完全平等、相互尊重、互不干涉内部事务的原则处理与外国政党的关系，致力于在和平共处五项原则基础上建立国际新秩序等。

第二，各国应严格遵守联合国宪章的宗旨和原则以及其他公认的国际关系准则。联合国宪章的宗旨和原则、和平共处五项原则以及其他公认的国际关系准则，是对几个世纪以来旧的国际关系准则的批判和否定，反映了国际关系的本质要求，符合世界上大多数成员国的普遍愿望和利益，也是规范各国行为的法律基础。国际关系的历史演变表明，只有恪守联合国宪章的宗旨和原则、和平共处五项原则以及其他公认的国际关系准则，社会制度不同的国家也可以友好相处、相安无事；反之，社会制度相同的国家也会发生矛盾和冲突，甚至战争。

第三，正确引导经济全球化的发展。经济全球化趋势是世界经济和国际形势发展的一个突出特点，是社会生产力发展的客观要求和必然结果，并给各国的发展带来了新的机遇。经济全球化有利于促进资本、技术、知识、劳动力等生产要素在全球范围内的优化配置；有利于发展中国家和发达国家优势互补，推动世界生产力的发展；有利于包括中国在内的发展中国家从发达国家引进资金、技术、人才和先进管理经验，增强整体实力，这是反对霸权主义和强权政治最有力的保证。但是经济全球化是一把双刃剑，正如江泽民同志指出：它"给各国各地区提供了新的发展机遇，同时也提出了新的挑战。"[1]因为经济全球化是由发达国家主导，在国际经济旧秩序没有根本改变的情况下进行的，势必会使发展中国家相对处于不利地位，导致南北差距的进一步扩大，并进而对发展中国家主权形成严峻挑战。有鉴于此，国际社会应共同努力，正确引导经济全球化进程，以实现共存共赢目的。

第四，积极推进国际关系民主化。所谓国际关系民主化，正如江泽民同志指出："就是各国的事情要由各国人民作主，国际上的事情要由各国平等协商，全球性的挑战要由各国合作应对。"[2]具体而言，就是各国有权根据自己的国情选择自己的社会制度、经济模式和价值观念，别国无权干涉；国家不分大小、强弱、贫富，都是国际社会的平等成员，任何国家都不应该谋求霸权；国

---

① 《江泽民论有中国特色社会主义》(专题摘编)，中央文献出版社 2002 年版，第 518 页。

② 《江泽民论有中国特色社会主义》(专题摘编)，中央文献出版社 2002 年版，第 526 页。

际争端应由有关国家平等协商，通过和平谈判解决，任何国家都不应该诉诸武力或以武力相威胁；各国的经济交往应遵循平等互利、共同发展的原则，反对经济交往中的歧视性政策，更反对动辄对别国进行经济制裁；应尊重世界的多样性，各种文明和社会制度应该而且可以长期共存，在竞争中取长补短，在合作中求同存异。

第五，树立新的安全观。国际关系的实践表明，和平不能依靠武力来实现，更不能依靠军事同盟来维持。建立军事集团，扩大军事同盟，只会制造更多新的不稳定因素，无助于世界的和平和安全。任何国家都不应该把自己的安全建立在损害他国安全利益的基础之上。国际社会应摈弃冷战思维，树立以互信、互利、平等、协作为核心的新安全观，努力营造长期稳定的国际和平环境，才能从根本上减少不安全因素，有效应对全球安全挑战，维护全球战略平衡和稳定。例如在中俄推动、中亚各国共同努力下建立的"上海合作组织"，首倡了以相互信任、裁军与合作安全为内涵的新型安全观，提供了以大小国共同倡导、安全先行、互利协作为特征的新安全模式，为国际社会建立新安全模式树立了典范。

除此之外，我们还要警惕西方敌对势力"西化"、"分化"我国的图谋。从当前国际政治斗争的现实情况看，西方敌对势力正在不断利用各种手段诸如民主、人权、宗教、台湾、西藏等问题向我们发难，同时还和我国流亡在外的所谓"民运分子"、"法轮功"邪教头目以及我国境内的敌特分子等相勾结，企图颠覆人民民主专政的国家政权。正如江泽民同志指出："西方国家一直没有放松在思想、政治、文化、宗教等方面对我国施加影响和进行渗透。"[1]我们与西方敌对势力在渗透与反渗透、颠覆与反颠覆方面的斗争将是长期的、复杂的，有时甚至是很尖锐的。因此，我们必须时刻保持高度的警惕，在国家主权、安全等根本问题上，我们要坚持原则力场，同时又要讲究斗争艺术，特别是要抓住机遇加快我国的经济发展，增强综合国力，这是维护我国利益和安全的根本所在。此外，正如江泽民同志指出的，"最重要的，是要用马列主义、毛泽东思想武装全党、全国人民。"[2]"必须坚持党的领导和人民民主专政……排除一切破坏稳定的因素，反对资产阶级自由化，警惕国际国内敌对势力的渗透、颠覆和分裂活动。"[3]中国政府打击西方敌对势力"西化"、"分化"我国的正义行

---

[1]　《十四大以来重要文献选编》(中)，人民出版社1999年版，第2074~2075页。

[2]　江泽民著：《论党的建设》，中央文献出版社2001年版，第26页。

[3]　《中国共产党第十五次代表大会文件汇编》，人民出版社1997年版，第18页。

为，维护了国家的主权和尊严，保持了社会的稳定，为反对霸权主义和强权政治，维护世界和平作出了积极的贡献。

当前，世界多极化发展趋势已成为不可逆转的潮流，但霸权主义和强权政治的存在是阻碍世界多极化的最大障碍。因此，单极与多极的矛盾、称霸与反霸的斗争在 21 世纪相当长时间内仍将存在。有鉴于此，江泽民同志指出："人类正处在维护世界和平、促进共同发展的关键时刻。世界潮流，浩浩荡荡，顺之者昌，逆之者亡。一切爱好和平、维护正义的国家和人民，应该团结起来，为反对霸权主义和强权政治，推动建立公正合理的国际新秩序而共同奋斗！"①

三、发展是反对霸权主义和强权政论的根本保证

一个国家和民族在国际舞台上能否站稳脚跟，能否对世界和平和发展有所贡献，关键取决于它的以经济实力为基础的综合国力。江泽民指出："经济发展了，国力强大了，我们才能有力量抵御任何自然的和社会的风浪，顶住任何外来的威胁和压力"，② 也"才能立足于民族之林，才能有效抵制霸权主义和外来干涉，捍卫自己的独立、主权和权益"。③ 有鉴于此，我们应该在如下方面作出努力：

第一，全面贯彻执行党在社会主义初级阶段的基本路线。江泽民指出："中国人民将始终不渝地坚持邓小平理论和党的基本路线"，④ 按照我们党提出的经济发展战略目标，把建设中国特色社会主义的伟大事业全面贯穿于我国现代化建设的始终。改革开放以来，我们党之所以能够领导和团结全国各族人民，经受住困难和风险的考验，保持社会政治稳定和经济快速发展，最根本的就是坚决排除各种干扰，坚定不移地贯彻执行党的基本路线。实践表明，坚持党的基本路线，最重要的是要全面理解和正确处理"一个中心、两个基本点"的关系。经济建设与四项基本原则、改革开放，是相互贯通、相互依存和不可分割的统一整体。我们的经济建设，是以四项基本原则为政治保证、以改革开放为强大动力的；我们的改革开放，是以进一步解放和发展生产力、巩固和发

---

① 江泽民：《在欢迎我国驻南工作人员大会上的讲话》，1995 年 5 月 14 日《人民日报》。

② 《江泽民文选》第 1 卷，人民出版社 2006 年版，第 59 页。

③ 江泽民：《世代睦邻友好，共创美好未来》，《人民日报》1996 年 12 月 3 日。

④ 江泽民：《在欢迎我国驻南斯拉夫联盟共和国工作人员大会上的讲话》，《人民日报》1999 年 5 月 14 日。

展社会主义制度为目的的；我们的四项基本原则，是保证改革开放和经济建设沿着正确的方向前进，同时又从新的实践中不断吸取新的经验来丰富和发展的。离开经济建设这个中心任务，我国社会的一切发展和进步就会失去物质基础；违背四项基本原则和改革开放，经济建设就会迷失方向和丧失动力。这就是"一个中心、两个基本点"的辩证统一关系。坚持党的基本路线不动摇，其中就包括坚持一个中心和两个基本点都不能动摇。正确地把握党的基本路线的全部内容，把经济建设这个中心同四项基本原则、改革开放这两个基本点，统一于建设中国特色社会主义的伟大实践，贯穿于现代化建设的整个过程，我们就会不断地从胜利走向胜利。

第二，坚定不移地坚持以经济建设为中心。我们要继续坚定不移地坚持以经济建设为中心，"积极稳妥地发展国民经济，始终是我们现代化建设的中心任务"。① 霸权主义和强权政治敢于横行霸道，其中一个重要的原因，就是自恃其强大的经济实力和依靠经济实力作支撑的军事实力。改革开放以来，我国的经济迅速发展，人民的生活得到逐步提高，综合国力明显地增强，就是由于我们党把思想和政治路线从"以阶级斗争为纲"转移到"以经济建设为中心"的轨道上来的结果。发展是硬道理，发展关键是集中力量发展经济，这是我们解决所有国际国内问题的根本。正义必胜，邪恶必败，历史潮流不可抗拒，都不只是精神力量在起作用，而是精神力量和物质力量的有机结合，并且最终要通过物质力量来实现。

坚持以经济建设为中心，主要是解决好两方面的问题。一方面，党和国家的各项工作都要紧紧围绕经济建设这个中心，而不能离开这个中心。处理国内问题要以经济建设为中心，处理国际问题也要以经济建设为中心，和平时期要以经济建设为中心，即使爆发大规模的世界战争、仗打完了还要以经济建设为中心。另一方面，坚持以经济建设为中心，要处理好经济工作与其他工作的辩证关系，促进经济建设和其他各项事业协调发展。要坚持"两手抓，两手都要硬"的方针，并正确处理这两者之间的关系。任何时候都不能离开以经济建设为中心搞精神文明建设，也不能以牺牲精神文明为代价来换取经济的一时的发展。坚持以经济建设为中心，就要把全党和全国各族人民的力量、智慧和才能集中起来，心往一处想，劲往一处使，而不能相互拆台和掣肘。国内外敌对势力绝不愿看到一个团结统一、日益强大的中国，他们仍然会用尽各种手段对我国进行"西化"、"分化"，妄图使我们重新回到一盘散沙、任人宰割的局面。

---

① 《江泽民文选》第1卷，人民出版社2006年版，第59页。

我们对此要保持高度警惕，决不上当。

第三，坚定不移地推进改革开放。改革开放是一场伟大的历史性的变革，使我们的国家和社会主义的命运发生了根本性的变化。为了国家的富强、人民的幸福和社会主义的发展壮大，在坚持独立自主、自力更生的前提下，"我们要继续坚定不移地推进改革开放。……继续在平等互利的基础上开展对外经济技术交流与合作，把发扬中华民族的优良传统同积极学习世界上一切优秀文明成果结合起来，不断推进我国的现代化建设。"①由于改革开放是一场前无古人的历史变革，自然会遇到困难和阻力，也会遇到包括霸权主义和强权政治在内的国内外敌对势力的干扰和破坏。更为重要的是，为了保证改革开放的健康发展，我们必须既坚持社会主义基本原则，又要破除不适合中国国情和生产力发展的各种束缚。而这需要实践、探索和经验，不是一开始、一下子就能解决的。我们必须始终坚定改革开放的决心和信心，同时又要时刻保持清醒的头脑，最大限度地凝集起我们的智慧和力量，正视困难和矛盾并不断地加以克服和排除，以求得新的更大突破。

中华民族曾经饱受西方列强的欺凌和压迫，也经历了闭关锁国所带来的愚昧、贫弱和痛苦。这个沉痛的历史教训昭示我们，一个因为改革开放而取得重大成就、欣欣向荣的中国，决不会把改革的步伐停顿下来，也不会把打开的大门再关上。中国政府和人民绝不允许任何国家以任何理由侵犯我国的主权和尊严，但是愿意在和平共处五项原则的基础上，同所有国家友好往来、加强合作和共同发展。

第四，坚定不移地保持社会稳定。江泽民指出："稳定是压倒一切的，继续保持稳定的局面要坚定不移。"②这是我们完成各项改革和建设任务的基本前提。多年来的事实一再告诉我们，没有一个安定团结的政治局面，就什么事情也干不成。动乱则会造成破坏、灾难和倒退，并且由此带来的损失都要由整个民族来承担。我国当前的改革开放正处在攻坚阶段，经济建设已进入关键时期，维护社会稳定和团结就显得尤为重要。国内外敌对势力绝不愿意看到社会主义中国经济繁荣、政治稳定、人民团结和社会进步等，仍会处心积虑地对我们进行渗透、颠覆、分裂和破坏，我们对此应保持高度的警惕。饱受帝国主义欺侮的中华民族深知动乱之苦，深受稳定之益，深信安定团结之重要。对于破

---

① 江泽民：《在欢迎我国驻南斯拉夫联盟共和国工作人员大会上的讲话》，《人民日报》1999 年 5 月 14 日。

② 《江泽民文选》第 2 卷，人民出版社 2006 年版，第 327 页。

坏安定团结政治局面的行为，不管什么时候，来自哪里，采取什么形式，都必须坚决果断地将其处置在萌芽状态中。

在改革开放和现代化建设的全过程中，必须全力以赴、坚定不移地保持社会的稳定。为此，我们一定要始终如一地坚持四项基本原则，更加自觉地维护党中央的权威；一定要万众一心地深化改革、发展经济，实现国富民强的共同目标；一定要加强社会主义民主和法制建设，努力健全社会主义民主政治；一定要进一步巩固和发展全国各民族的大团结等。全国各族人民的团结和稳定所产生的凝聚力和战斗力，是任何敌人、任何困难，都压不倒、摧不垮的。无论过去、现在和将来，团结和稳定都是中华民族取得胜利的重要法宝。

除此之外，我们要继续坚定不移地贯彻执行独立自主的和平外交政策，在和平共处五项原则的基础上发展同各国的友好合作。对于一切国际事务，我们还是要坚持从中国人民的根本利益和世界人民的共同利益的原则出发，根据事情本身的是非曲直来决定自己的立场和政策，不能没有原则地迁就一时一事，也不屈服于任何大国或国家集团的压力。坚决维护国家的主权和安全，主持公道，伸张正义，不信邪，不怕压，为进一步促进人类和平与发展的崇高事业而不懈努力。

第六节　反对恐怖主义问题

恐怖主义以其血腥的暴力活动为显著标志，几乎在世界各地制造混乱，造成社会的动荡不安，并以空前的破坏力、冲击力和影响力给世界政治、经济、军事，以及国际关系和国际秩序带来深刻的变化，因而成为当今国际社会的一大公害。其成因主要有历史上资本主义的殖民政策影响，社会处于变革时期的极端反映，国际经济旧秩序的负面因素，霸权主义和强权政治的存在并有新的表现等。中国政府反对一切形式的恐怖主义，认为打击恐怖主义应加强国际合作，充分发挥联合国安理会的作用，并且不能持双重标准，强调发展是消除恐怖主义的有效途径之一等。

一、恐怖主义是国际社会的一大公害

恐怖主义是某些个人或集团，出于某种政治目的和动机，针对特定的公私机构、设施、交通工具或公民，采取违背人类社会道德和正常社会秩序的暴力袭击和威胁，或者在无辜公民中造成恐怖气氛的行为。它违背人类文明和进步的历史潮流，已遭到世界各国人民的强烈谴责和反对。早在1977年10月，邓小平在回答法国客人提出的对劫持飞机和绑架问题的看法时强调："我们从来不赞成。不但我们不赞成，马克思、列宁都是反对这点的。这不是革命，不是马列主义。我们总是谴责这种行动的。"①1978 年 5 月，邓小平会见意大利邮电代表团、在谈到意大利"红色旅"问题时说："这是一个阴谋组织。它说自己是信仰毛泽东思想的，还说是马列主义的。马克思、毛泽东主席以及真正的马列主义者都是反对个人恐怖行动的，认为这样的行动不是革命的，是彻底脱离群众的。还有一些形式上很激烈的行动，像劫持飞机，我们都是反对和谴责的。"②它已成为 21 世纪的政治瘟疫，被称为"一场无休止的地下世界大战，"对于各国国内正常秩序和世界和平与稳定造成了极为严重的影响，正如江泽民同志指出，"恐怖主义严重威胁着世界的和平与稳定，是国际社会的一大公害。"③恐怖主义历史非常久远，在中外古代历史上都有过记载。例如春秋战国时期，荆轲刺秦王以及古罗马皇帝恺撒遇刺等，就是恐怖主义较早的表现形式，但它们对社会造成的危害及负面影响难以与今天发生的恐怖活动相比。国际社会普遍认为，恐怖主义越出一国范围在世界各地区泛滥，开始于 20 世纪60 年代，经过半个多世纪的蔓延，现已成为人类安全的最大威胁。尤其是 20世纪 70 至 80 年代，恐怖主义活动在世界上曾猖獗一时。当今世界上打着各种旗号的恐怖主义组织有 1000 多个，每年要发生恐怖事件数百起，乃至上千起。据不完全统计，1968 至 1980 年，全球范围内的国际恐怖主义事件共发生 6714起，受害人数以万计，财产损失严重，并引发不少政治和外交危机。20 世纪80 年代以来，恐怖活动一直呈增长趋势，平均每年发生 600 起以上。1985 年全球恐怖主义事件达 785 起，1987 和 1988 年分别是 832 起和 856 起。20 世纪90 年代以来，国际恐怖主义活动不仅没有收敛，反而正如江泽民同志指出，"恐怖主义、分裂主义和极端主义的破坏活动有增无减，"④并且"日趋严峻"。⑤其主要表现是：

第一，数量多、范围广、破坏性更为严重。当前恐怖主义活动几乎时有报道，日有所闻。近年来比较著名的恐怖事件有：1993 年美国纽约世界贸易中心爆炸案；1995 年 3 月东京地铁沙林毒气事件；1995 年 4 月美国俄克拉荷马

① 《邓小平年谱 1975—1997》(上)，中央文献出版社 2004 年版，第 230 页。
② 《邓小平年谱 1975—1997》(上)，中央文献出版社 2004 年版，第 315 页。
③ 《十五大以来重要文献选编》(中)，中央文献出版社 2002 年版，第 2341 页。
④ 《邓小平年谱 1975—1997》(上)，中央文献出版社 2004 年版，第 315 页。
⑤ 《十五大以来重要文献选编》(中)，中央文献出版社 2002 年版，第 2341 页。

市联邦政府大楼爆炸案；1998 年 5 月美国驻肯尼亚、坦桑尼亚大使馆爆炸案等。特别是 2001 年 9 月 11 日，美国纽约世贸中心和五角大楼等处先后遭到恐怖分子劫持的民航飞机撞击，造成数千人死亡，经济损失超过 1000 亿美元，全球经济损失达 3500 亿美元之巨。

第二，恐怖活动国际化。全球一体化的深入发展，使主权国家的地理界限变得越来越模糊，随着各种生产要素的自由流动，恐怖主义组织及其行动也越出国界。越来越多的迹象表明，大多数恐怖主义都有国际背景。以"基地"组织为核心的伊斯兰原教旨主义恐怖势力已经形成一个国际网络，其成员多达 5000 多人，分布在 50 多个国家和地区。他们利用发达的通讯设施，在资金、人员、武器、情报等方面进行相互协调，或联合作案，或同一时间在世界制造多起案件，造成生命财产的巨大损失和社会心理的极大恐慌。

第三，恐怖手段高技术化。传统的劫机、暗杀、爆炸、绑架和劫持人质等手法是恐怖分子进行恐怖活动的有效手段。但是随着科技全球化的迅速发展，现代化的交通、通讯手段和各种极具杀伤力的新式武器经常为恐怖分子所利用，增加了其恐怖威慑。人们普遍担心的是，网络袭击、生化武器甚至小型核装置等新式恐怖手段，可能成为 21 世纪的主要威胁之一。

第四，恐怖活动难以预测性。虽然从某种意义上讲，恐怖主义的发生、发展是有其规律的，恐怖组织或恐怖分子在采取行动之前会显现出一些征兆，但现实中恐怖主义具有极严密的组织，由于其居无定所和作案的隐蔽性与突发性，往往使人防不胜防，难以预测。也正因为如此，恐怖主义变得难以对付，其暴力效果往往得以实现。此外，大众传媒工具耸人听闻的报道，扩大了恐怖主义的轰动效应，提高了他们对政府、机构和个人进行讹诈和要挟的筹码。

最后，"东突"是国际恐怖主义的重要组成部分。冷战结束后，在民族和宗教矛盾凸显的国际背景下，在民族主义思潮和某些外国势力支持下，早年逃离新疆到国外的一小撮民族分裂主义分子，趁机兴风作浪，妄图在新疆地区建立所谓独立的"东突厥斯坦"国。为达此目的，他们打着各式各样的旗号，以恐怖暴力作为主要手段进行分裂破坏活动，给社会稳定和人民生命财产造成严重危害。近几年来，"东突"恐怖分子曾先后在新疆的集市、商场、学校、饭店、公共汽车等地方制造了多起针对无辜平民的爆炸案。同时，他们为了破坏民族团结，不仅打击和杀害汉族干部和群众，也把维吾尔族干部、群众和爱国宗教人士当作"异教徒"杀害。更有甚者，"东突"恐怖分子还到处猖狂袭击警察机构和政府机关。据不完全统计，近十年来，境内外的"东突"恐怖势力在新疆制造的恐怖暴力事件达 200 起以上，造成 600 多名各民族干部群众、宗教人士伤亡和财产的大量损失。"东突"恐怖势力不仅在中国境内策划制造砸、烧、杀等恐怖活动，还在国外制造恐怖暴力事件，暗杀或用炸弹袭击中国驻外使领馆的工程技术人员、商人、政府工作人员和外国警察等。据中国警察抓获的多名"东突"恐怖分子交待，他们曾受到"基地"组织的训练和大量的财政支持，是国际恐怖主义的重要组成部分。中国领导人在各种国际场合表达了打击各种形式的恐怖主义和维护民族团结的坚定立场，得到了大多数国家领导人的认可。1999年李鹏委员长访问土耳其时，就"东突"问题与土耳其领导人交换过意见，得到了土方绝对不会支持"东突"这样的反华组织的承诺。2000年10月，江泽民主席和俄罗斯总统普京在会谈中达成共识，认为车臣恐怖势力和"东突"恐怖势力都是国际恐怖主义的一部分。2001年10月，朱镕基总理访问德国时，强调中国打击"东突"恐怖主义的斗争也是国际反恐斗争的一部分，得到了德国总理的首肯。同年11月，中国外长唐家璇在56届联大一般性辩论发言中指出，中国也面临恐怖主义的危害。"东突"恐怖势力受到国际恐怖组织的训练、武装和资助。反对"东突"是反对国际恐怖主义的重要方面。

二、恐怖主义的成因

当前，和平与发展仍是当今时代的主题，要和平、求合作、促发展是世界人民的呼声。20世纪，人类经历了两次世界大战的浩劫，也经历了冷战对峙的磨难，付出了巨大代价。世界各国人民再也不愿看到任何国家或地区再发生新的热战、冷战和动乱，都希望世界持久和平，渴望促进共同发展和过上稳定安宁的生活。但正如江泽民同志指出："影响和平与发展的不确定因素在增加，传统安全威胁和非传统安全威胁的因素相互交织，恐怖主义上升"，① 成为世界关注的全球性问题。究其原因是：

第一，资本主义的殖民政策是恐怖主义产生的历史原因。当前，在很多国家长期活动的恐怖主义组织与早期的殖民主义统治有很大的关系。从18世纪60年代开始的英国工业革命，迅速传播到其他资本主义国家，在不到一个世纪的时间里已基本完成。这次工业革命创造了巨大的生产力，促使资本主义经济获得了突飞猛进的发展，从而驱使资产阶级为了扩大产品的销路，奔走于全球各地。它扫除了落后的封建生产关系，带去了先进的技术和管理经验，使先进国家和落后国家逐步更紧密地结合起来，并开始了经济全球化进程等。但这个过程始终伴随着对落后国家入侵、压迫和资源掠夺等经济发展的负面因素而

① 《十五大以来重要文献选编》(中)，中央文献出版社2002年版，第1891页。

展开，并最终导致资本主义国家对落后国家的殖民统治。特别是在一些多民族、多宗教的国家里，殖民主义者为了维护殖民统治、谋取私利，往往采取以夷制夷的手法，制造民族和宗教矛盾，导致这些国家或地区长期动荡不安。例如，在英国的北爱尔兰、斯里兰卡的泰米尔、印尼的克什米尔以及中东和北非等地区，人们都可以找到殖民主义者人为制造矛盾和冲突所留下的遗迹。当殖民主义者无力维护在这些国家或地区的直接统治，不得不撤退时，他们往往采取分而治之的手段，仍人为地制造许多矛盾。例如，"二战"后英国撤出印度之前，人为地制造印巴之间的克什米尔争端等。冷战结束后，这些民族宗教矛盾不仅没有消失，反而正如江泽民同志指出，"一些国家和地区的民族分裂势力和宗教极端势力获得了前所未有的空间，他们打着民族和宗教'复兴'的旗号走向政治舞台，"①造成这些国家动乱频繁，恐怖主义活动至今仍时有发生。

第二，不合理的国际经济旧秩序没有完全改观，并日益加剧了贫富差距，为恐怖主义营造了适宜的土壤。当前，经济全球化迅速发展，使各国在经济上相互依赖、相互渗透，有利于生产要素在全球范围内的优化配置，有利于发展中国家从发达国家吸引资金、技术和先进管理经验，增强自我发展的能力，有利于发展中国家和发达国家优势互补，推动世界经济的发展。但经济全球化是一把双刃剑，它给各国各地区提供经济发展机遇的同时，也提出了新的挑战。因为经济全球化主要是由发达国家主导、在国际经济旧秩序没有根本改变的情况下进行的，势必会使发展中国家总体上处于不利地位，造成贫富分化，南北差距进一步扩大。尽管贫困并不必然产生恐怖主义，大多数发展中国家以及这些国家的人民并不因为贫困而与西方全面对抗，但是鉴于历史上老殖民主义的统治和当前某些发达国家仍然采用新殖民主义手法，力图维护国际经济旧秩序，损害发展中国家利益，致使发展中国家的极少数政治力量、政治团体和个人会产生怨恨情绪，并与蔓及西方的反全球化浪潮的团体和个人产生共鸣，为国际恐怖主义的滋生提供了天然的土壤。正如江泽民同志指出："南北贫富差距日益扩大，部分发展中国家的经济发展停滞，贫困化现象加剧，也给民族分裂势力和宗教极端势力的滋生膨胀提供了条件。"②

第三，社会处于变革时期的极端反应，也是恐怖主义产生的原因之一。20世纪60年代是国际社会的动荡年代，当时各种社会矛盾比较尖锐，导致西欧

---

① 《十五大以来重要文献选编》(中)，中央文献出版社2002年版，第259页。

② 江泽民：《全面建设小康社会，开创中国特色社会主义事业新局面》，人民出版社2002年版，第47页。

国家普遍的学生运动。特别是1967、1968年法国的学生高举"反帝、反资、反战"的旗帜，与警察和政府对抗，酿成了流血事件。在其他诸如西德、意大利、美国、日本等国的学生也群起响应，走向街头与警察搏斗。这些学生运动都先后被镇压下去了，然而其中的一些极端分子则开始考虑另一种斗争方式，即通过组建恐怖组织，进行恐怖活动来推翻现存制度，建立他们所希望的世界。于是很多西方国家在短时间里出现了众多暴力组织，如意大利的"红色旅"、西德的"红军派"、法国的"直接活动"、美国的"共济解放军"、日本的"赤军"等。进入20世纪70年代，这些暴力组织变得更为残暴，他们打着各种各样诱人的旗号，采用绑架、暗杀、爆炸、袭击等手段造成了众多的平民生命财产的损失和社会的恐慌，却不能直接动摇当局的执政地位。20世纪90年代初，东欧剧变、苏联解体以来，西欧经济普遍处于不景气状态，时逢大量移民的涌入，并与此前存在的多个恐怖组织相互交织，给西欧的经济和社会带来了很大的冲击，引发了就业、种族等方面的矛盾，导致了极右翼恐怖组织的产生，给西欧及有关国家经济发展和社会稳定造成了严重危害。

第四，霸权主义和强权政治的存在并有新的表现，是恐怖主义滋生的又一原因。江泽民同志指出，"霸权主义和强权政治仍然是威胁世界和平与稳定的主要根源，"[①]并且随着国际形势的变化，"霸权主义和强权政治有新的表现"。[②] 这就是打着维护"民主"、"人权"、"民族平等"、"宗教自由"等旗号，向社会主义国家和发展中国家发动新的冷战，企图把自己的社会制度、经济模式和价值观念强加于人，肆意干涉别国内政；利用经济全球化的发展趋势，仰仗不公正、不合理的国际经济旧秩序的存在，凭借经济、贸易、金融、科技等优势，在世界各地进行经济渗透，力图建立经济霸权；以打击恐怖主义为名，大力推行新干涉主义和"先发制人"战略，甚至绕过联合国，违背公认的国际关系准则，对主权国家大打出手；凭借大众传媒工具和文化交流，向别国进行文化渗透，甚至利用文明差异大做文章，企图挑起不同文明之间的冲突等。所有这一切危害了不少国家和地区的和平与安全，激化了有些国家和地区特别是民族和宗教矛盾比较尖锐的国家和地区的局势。一些不满美国霸权主义和强权政治的激进分子，由于自身实力与美国相比相差甚远，难以与美国正面对抗，

---

① 《江泽民论有中国特色社会主义》(专题摘编)，中央文献出版社2002年版，第521页。

② 《江泽民论有中国特色社会主义》(专题摘编)，中央文献出版社2002年版，第521页。

于是采取恐怖主义手段对美国进行报复和打击。更有甚者，例如2003年3月美英绕开联合国，置绝大多数国家的反对于不顾，对主权国家伊拉克进行军事打击，虽达到了推翻一个政府的目的，却无法赢得人心，更为严重的是制造了一个新的动乱源。当前，伊拉克国内恐怖主义活动几乎时有发生、日有所闻，在短期内恐难平息。对此，江泽民同志指出："西方一些国家，把民族、宗教问题作为推行霸权主义和强权政治、干涉他国内政的借口，更加剧了民族、宗教问题的复杂性，"①导致民族分裂势力、宗教极端势力和恐怖主义猖獗，危及一些国家的政局稳定甚至主权和领土完整，严重妨碍这些国家的经济发展，并往往引起所在地区的动荡，对国际形势的缓和与稳定构成了威胁。

此外，现代高科技的发展使恐怖分子从事恐怖活动的手段和工具，更先进和便捷，大众传媒工具的迅速报道等对恐怖主义产生也起了一定的促进作用。

三、恐怖主义的治理

鉴于恐怖主义对国际社会造成的危害，为了维护我国的安全和世界的和平与稳定，为我国的经济建设创造一个良好的国际环境，以江泽民同志为核心的党的第三代中央领导集体，在各种国际场合明确表达了我国反对恐怖主义的原则立场，这就是：

第一，中国反对一切形式的恐怖主义。江泽民同志指出："中国政府和人民坚定不移地谴责和反对一切形势的恐怖主义。"②中国面临着国际恐怖主义的现实威胁，也曾遭受"东突"等民族分裂主义、宗教极端势力的恐怖危害，因此，我们主张反对一切形势的恐怖主义：既反对国家恐怖主义，也反对作为组织和个人的恐怖主义；既要反对针对美国等西方发达国家的恐怖主义，也要反对针对其他国家的恐怖主义；既要反对针对合法政府及其领导人的恐怖主义，也要反对伤及无辜平民的恐怖主义；既要反对针对军事、安全目标的恐怖主义，也要反对针对其他设施的恐怖主义等。总之，正如江泽民同志指出："无论恐怖主义发生在何时何地、针对何人、以何种方式出现，国际社会应该共同努力，坚决予以谴责和打击。"③

---

① 《江泽民论有中国特色社会主义》（专题摘编），中央文献出版社2002年版，第514页。

② 江泽民：《全面建设小康社会，开创中国特色社会主义事业新局面》，人民出版社2002年版，第47页。

③ 《江泽民论有中国特色社会主义》（专题摘编），中央文献出版社2002年版，第529页。

　　第二，要加强国际合作。江泽民同志指出："国际社会应加强对话和磋商，开展合作，共同打击国际恐怖活动。"①恐怖主义作为当今的全球性问题之一，它危害的不只是个别国家或地区的安全，而是全世界的共同安全，再加上恐怖分子采取高科技手段进行恐怖活动，其机动性、隐蔽性、不可预测性进一步加强，给反恐斗争增加了难度。因此，靠任何一个国家的单打独斗，不可能有效地遏制恐怖主义，更谈不上彻底铲除恐怖主义。有鉴于此，国际社会应采取通力合作，加强双边、多边乃至全球的反恐对话和交流，才能把恐怖主义的危害减至最低限度。中国政府不仅强调了合作打击恐怖主义的原则立场，而且以实际行动作出了证明。例如，"9·11"事件发生后，我国政府迅速作出了反应，表达了我国反对恐怖主义的原则立场，得到了美方的赞赏。此后，两国领导人又多次接触，就反恐问题协调立场；在中、俄倡导下成立的"上海合作组织"的重要宗旨之一，就是要联手打击近年来危及中亚地区安全的民族分裂主义、宗教极端势力和国际恐怖主义三股邪恶势力，对稳定中国西北边陲和维护中亚地区稳定起了重要作用；此外还有诸如比什凯克反恐中心的建立，与其他很多国家和组织签订的反恐协议等。

　　第三，国际反恐斗争应在联合国主导下进行，充分发挥安理会的作用。江泽民同志指出："打击恐怖主义要遵守《联合国宪章》的宗旨和原则及公认的国际法准则，充分发挥联合国和安理会的作用。"②联合国是当今世界上最有代表性和权威性的主权国家间的国际组织，在维护世界和平、促进共同发展、建立公正合理的国际政治经济新秩序等方面，发挥着不可替代的作用。在当前国际反恐斗争中，联合国在协调各国行动、集中资源以及分享情报和交流经验等方面，同样具有其他任何国家和组织都无法替代的主导作用。《联合国宪章》的宗旨和原则是联合国的最高纲领，是维护国际和平和安全的政治基础。这些宗旨和原则高度概括了当今国际关系中必须遵循的基本原则，是对旧的国际关系准则的彻底否定和批判，反映了国际关系的本质要求，符合世界上绝大多数成员国的普遍愿望和共同利益，成为公认的国际关系准则。在国际反恐斗争中，只有恪守这些宗旨和原则，才能避免那种借反恐为名，谋求霸权和干涉内政之实的行为，才能有效地打击恐怖主义和维护地区及世界的长期和平与稳定。和平共处五项原则及其他公认的国际关系准则，与《联合国宪章》的精神是并行不悖的，各国也应该严格遵守。近年来，联合国在打击恐怖主义问题上做了大

---

　　①　《十五大以来重要文献选编》(中)，中央文献出版社 2002 年版，第 2047 页。

　　②　江泽民著：《共同创造一个和平繁荣的新世纪》，《人民日报》2002 年 4 月 11 日。

量有益的工作，例如，早在 1994 年联合国就通过了《关于消除国际恐怖主义措施的宣言》，此后，联合国通过了十多个反恐立法。"9·11"事件发生后，联合国安理会在 9 月 28 日迅速通过了打击恐怖主义的第 1373 号决议，为各国有效打击恐怖主义提供了法律依据。随即在 11 月 12 日首次就反恐问题举行外长会议，一致通过了《全球努力打击恐怖主义的宣言》，号召所有国家采取必要措施，全面执行此前通过的 1373 号反恐决议。在 2001 年 11 月第 56 届联大一般性辩论期间，将近 40 个国家签署或参加了几十项联合国关于打击恐怖主义的国际公约，体现了国际社会愿意在联合国主导下打击恐怖主义的坚强意志。中国政府不仅强调了在联合国主导下合作反恐的坚定立场，而且付诸了实际行动。例如，中国政府曾先后签署了联合国制定的《制止恐怖主义爆炸的国际公约》《制止向恐怖主义提供资助的国际公约》等十多项国际公约。

第四，中国反对在打击恐怖主义问题上采取双重标准。江泽民同志指出："不能对打击恐怖主义采取双重标准，"[1]这是我国政府反对国际恐怖主义的一条重要原则立场。"9·11"事件发生后，国际社会在打击恐怖主义的暴力活动问题上取得了广泛的共识，但对如何界定打击和铲除恐怖主义等问题上分歧仍然很大。美国等西方国家或出于反恐谋霸的需要或从自身战略利益出发，往往对恐怖主义采取双重标准。例如，对我国打击"东突"恐怖势力的行动，美国出于牵制中国的目的，迟迟不明确表示支持，反而强调打击恐怖主义不能成为镇压少数民族的借口，这一做法引起中方的强烈不满。在中方的严厉斗争下，美方才勉强把"东突"列入国际恐怖主义名单。更有甚者，欧洲议会不顾中国政府和人民的强烈反对，在 2001 年 10 月 17 日居然同意境外"东突"恐怖组织的最高领导机构"东土耳其斯坦民族大会"在欧洲议会大厦内举行所谓的"代表大会"，极大地伤害了中国人民的感情，引起了我国的强烈愤慨。正是由于美国及一些西方国家在反恐问题上持双重标准，"东突"恐怖组织才得以滋生和蔓延。此外，在其他一些国家存在的恐怖主义问题上，美国及一些西方国家也持双重标准。例如，始终谴责西班牙民族极端组织"埃塔"为恐怖组织，而对俄罗斯车臣、南联盟科索沃等地区的民族分裂活动称为"种族冲突"，甚至对车臣非法武装和科索沃解放军等恐怖组织提供武器、资金等方面的支持。当前，国际恐怖主义的蔓延和猖獗，除了其他原因之外，与打击恐怖主义采取双重标准不无关系。

第五，发展是消除恐怖主义的有效手段之一。国际社会应努力解决发展问

---

① 江泽民著：《共同创造一个和平繁荣的新世纪》，《人民日报》2002 年 4 月 11 日。

题，逐步改变不公正、不合理的国际经济旧秩序，缩小南北差距；发达国家应该在提供资金、转让技术、减免债务等方面切实帮助广大发展中国家增强自我发展的能力，共同应对经济全球化带来的挑战，实行在平等基础上的共同繁荣；发展中国家要加强南南合作、南北对话，通过自身努力和合作，实现经济的复兴和发展。正如李鹏指出："只有这样，才能促进世界经济的可持续发展，才能有助于从根本上消除世界上包括恐怖主义在内的许多不安定因素，才能实现世界的持久的和平。"①

除此之外，我们党和国家领导人还提出了打击恐怖主义应标本兼治，防范和打击并重，不能将恐怖主义与特定的民族和宗教混为一谈，努力消除产生恐怖主义的根源等思想。

第七节　加强联合国作用问题

联合国是当今最大的全球性的国际组织，在事关世界和平与发展等问题上起着举足轻重的作用。我们党和国家领导人关于加强联合国作用的思想主要表现在：恪守联合国宪章的宗旨和原则、维护安理会的权威、加强联合国在发展领域的作用和致力于联合国决策的民主化等。

一、恪守联合国宪章的宗旨和原则及其他公认的国际关系准则

江泽民同志指出："我们应该共同致力于弘扬联合国宪章的宗旨和原则。"②联合国是当今最大的全球性国际组织，在维护世界和平、促进经济发展和非殖民化等方面发挥了主导和核心作用。其宗旨和原则诸如维护国际和平与安全、促进世界经济及社会发展、会员国主权平等、和平解决国际争端以及不干涉内政等，为每个成员国规定了相应的义务和应遵循的行为方针，是维护国际和平和安全的政治基础，是联合国的最高纲领。这些宗旨和原则高度概括了当今国际关系中，首先是双边关系中必须遵循的基本原则，是对几个世纪以来旧的国际关系准则的彻底否定和批判，反映了国际关系的本质要求，符合世界上绝大多数成员国的普遍愿望和共同利益，成为公认的国际关系准则。联合国成立以来半个多世纪的实践表明，只要恪守联合国宪章的宗旨和原则，社会制

---

① 江泽民著：《共同创造一个和平繁荣的新世纪》，《人民日报》2002年4月11日。

② 《江泽民论有中国特色社会主义》（专题摘编），中央文献出版社2002年版，第543页。

度不同的国家也可以和平共处，相安无事；反之，社会制度相同的国家也会发生矛盾、冲突甚至战争。因此，宪章的宗旨和原则不是一纸空文，而犹如一本"圣经"，各国应牢记，照章办事。此外，正如邓小平指出："总结国际关系的实践，最具有强大生命力的就是和平共处五项原则。"①和平共处五项原则五十多年来经受了国际风云变幻的考验，不仅有效地维护了发展中国家的独立和主权，为南南合作及南北关系的发展注入了积极因素，且与联合国宪章的宗旨和原则相吻合，丰富了当代国际法内涵，显示出普遍实用性，各国也应该严格遵守。再者，其他公认的国际关系准则，与联合国宪章的宗旨和原则及和平共处五项原则的精神是并行不悖的，各国也不应违背。当前，经济、科技、信息全球化给世界各国的发展提供了新的机遇，同时也带来了诸如环境恶化、生态失衡、毒品走私、大规模杀伤性武器扩散、国际恐怖主义盛行、各种疾病蔓延等全球性问题。无论是抓住机遇，还是应对挑战，解决世界面临的共同问题，正如江泽民同志指出，"不仅要靠各国自身的努力，还需要国际上的相互配合和密切合作，"②甚至需要有关国家让渡一部分主权。但这种让渡是在自愿和对等的基础上进行的，并且保留随时收回主权的权力，其实质是主权共享而不是对别国独立、主权的兼并，它是联合国宪章的宗旨和原则、和平共处五项原则以及其它公认的国际关系准则的扩展和延伸。现在有的大国常常打着"自由"、"民主"、"人权"的幌子，违背公认的国际关系准则，推行霸权主义和强权政治，肆意侵犯别国主权，干涉别国内政，破坏别国的统一和民族团结，这是当今世界不得安宁的一个主要原因。因此，各国应引以为戒，必须始终如一地恪守以主权平等和互不干涉内政为核心的联合国宪章和宗旨、和平共处五项原则及其他公认的国际关系准则，努力营造长期的和平环境，确保世界的繁荣和稳定。

二、维护安理会的权威

江泽民同志指出："我们应该共同致力于维护安理会的权威。"③联合国宪章规定，安理会是国际集体安全机制的核心，是多边安全体系最具权威性和合

① 《邓小平文选》第 3 卷，人民出版社 1993 年版，第 96 页。

② 《江泽民论有中国特色社会主义》（专题摘编），中央文献出版社 2002 年版，第 539 页。

③ 《江泽民论有中国特色社会主义》（专题摘编），中央文献出版社 2002 年版，第 543 页。

法性的机构。维护国际和平与安全是安理会的首要责任和庄严使命，也是全体会员国的集体承诺。联合国成立后特别是冷战结束以来，安理会从促成纳米比亚、东帝汶独立到实现柬埔寨和平，从推动两伊停火到解决海湾危机，从缓和中部非洲局势到平息南亚核危机，推动朝鲜半岛六方会谈等方面，发挥了不可替代的作用。当前，国际安全问题无处不在、无时不闻，已广泛涉及政治、经济、军事、金融、科技等领域。因民族、领土、边界、宗教等因素导致的传统安全问题依然存在，非传统安全威胁诸如恐怖主义、跨国犯罪、环境污染、人口爆炸、毒品走私、传染性疾病蔓延等在迅速上升，已成为影响人类发展的重大问题。它们与传统安全威胁相互作用，给国际社会带来严重的新挑战。在经济全球化迅速发展的今天，各国互相依存、相互依赖加深，共同的利益把世界联结为一个整体。国际社会只有携手合作，维护安理会这个联合国集体安全机制，才能从根本上保障世界的和平、安全和繁荣。因此，世界各国除了遵守以上提到的联合国宪章的宗旨原则和公认的国际法准则之外，还应在以下方面作出努力：第一，应当避免在安理会搞实用主义。安理会不是一件摆设供欣赏的装饰品，而是集体安全机制中最重要的决策机构。那种对安理会需要则用之，不需要则弃之甚至撇开安理会，采取单边主义行动的做法是极具危险的。依赖军事优势"先发制人"虽可攻城掠地，但不会根除威胁，更无法赢得人心，反而会使国际局势紧张，给世界增添新的动乱，无助于世界的和平和安全。例如2003 年 3 月，美英置世界大多数国家的反对于不顾，绕开联合国发动伊拉克战争，虽达成了推翻一个政府的目的，却制造了一个新的动乱源，在短期内恐难恢复稳定。第二，应当推动安理会在解决传统和非传统安全问题方面做出更大努力。传统安全和非传统安全问题，是困扰人类社会可持续发展的重大问题，对二者应同时并重，不可偏废。对于有关国家存在的民族、领土、宗教等方面的传统安全问题，安理会应积极斡旋，加大劝和力度，必要时应量力而行派出维和部队，以阻止事态的进一步扩大，为政治解决创造必要的前提。对恐怖主义、跨国犯罪、环境保护等关系到人类共同利益的非传统安全问题，安理会应该和其他区域性组织及有关国家加强沟通和协调，制定长期战略和采取有效措施标本兼治，合作应对。第三，应当积极开展预防性外交。所谓预防性外交，就是为防止争端在有关各方之间出现、防止现有争端升级为冲突和战争、以及当冲突爆发时限制其蔓延的行为。预防性外交虽然有些争议，并且需要付出一定的代价，但是事实证明，它在理论和实践上都取得了不同程度的进展，是防止冲突、维护和平的有效手段之一。当然，实行预防性外交应征得当事方的同意，符合公认的国际法准则，取得国际社会的共识，并不断在实践中加以完善。第四，应当支持联合国秘书长的工作。秘书长是经过有广泛代表性的国家通过公平方式推选出来的联合国日常工作主持人，在当今的热点地区，到处都能看到秘书长及其代表的辛苦斡旋，对于缓和或平息冲突起到了非常重要的作用。各国应积极支持和配合秘书长的工作，促进其维和努力，而不应把他作为谋取私利的工具，更不能相互拆台。当然，联合国并不是完美无缺，对其不尽人意的地方，各国应加强磋商，逐步纠正。中国领导人在对外政策上不仅强调维护安理会权威的坚定立场，而且以实际行动作出了证明。例如，在2000年9月联合国千年首脑会议上，在中国的倡议下，安理会五个常任理事国作出了维护安理会权威的集体承诺。

三、加强联合国在发展领域的作用

江泽民同志指出："我们应该共同致力于加强联合国在发展领域的作用。"①创建联合国的宗旨之一，就是促进人类共同发展。多年来，联合国及其附属机构在这方面作出了不懈的努力，应予以肯定。冷战结束至今，国际形势总体上趋向缓和，和平与发展仍是当今时代主题，世界各国争取较长时间的和平发展环境是可以实现的。经济全球化和区域经济集团化并行发展，给各国的发展带来了新的机遇。经济全球化有利于促进资本、技术、知识、劳动力等生产要素在全球范围内的优化配置，有利于发展中国家和发达国家地优势互补，有利于包括中国在内的广大发展中国家从发达国家引进资金、技术、人才和先进管理经验等。但是经济全球化是一把双刃剑，它给各国各地区提供新的发展机遇的同时，也提出了新的挑战。因为经济全球化是由发达国家主导，在国际经济旧秩序没有根本改变的情况下进行的，势必会使发展中国家相对处于不利地位，导致南北差距的进一步扩大，并进而对发展中国家的主权形成严峻挑战。发展中国家的贫困和落后，主要是历史上帝国主义的殖民统治和现阶段不公正、不合理的国际经济旧秩序造成的，发达国家在其现代化过程中对于发展中国家是欠了债的。在各国经济联系相互依存、相互依赖日益加深的今天，发达国家经济的发展不可能长期建立在广大发展中国家贫困的基础上，正如邓小平指出："西方政治家要清楚，如果不帮助发展中国家，西方面临的市场问题、经济问题也难以解决，""世界市场的扩大，如果只在发达国家中间兜圈

---

① 《江泽民论有中国特色社会主义》（专题摘编），中央文献出版社2002年版，第543页。

子，那是很有限度的。"①因此，联合国应该把发展问题特别是帮助发展中国家发展经济，摆到更重要的位置。为此，联合国应促进全体会员国共同致力于公正合理的国际新秩序的建立、全面推进南南合作、积极参与南北对话和改善南北关系，敦促发达国家本着平等互利、相互尊重的原则，在提供资金、转让技术、平等贸易、减免债务等方面切实帮助发展中国家振兴经济、提高人民生活水平，这也符合发达国家的长远利益。同时，南北国家应当求同存异，开展对话，避免对抗，共同为解决人类的和平与发展作出贡献。此外，联合国应带领全体成员国，花大力气解决人口膨胀、粮食短缺、资源枯竭等困扰人类发展的共同性问题。

四、推动联合国决策的民主化

江泽民同志指出："我们应该共同致力于联合国决策的民主化。"②联合国决策的民主化，是历史发展的必然和时代进步的要求，反映了绝大多数成员国的共同愿望。联合国所有成员国不论大小、强弱、贫富，都是平等的一员，都有权参加任何问题的商讨和解决。任何国家都不应该在联合国以大欺小、以富压贫、恃强凌弱和谋求霸权、强权。世界有两百多个国家，无论是社会制度、意识形态和发展模式，还是历史传统、宗教信仰和文化背景，都存在着很大的差异。各国有权根据本国国情选择自己的社会制度和发展模式，别国无权干涉。每个国家都有自己的特点和长处，各国只有彼此尊重，求同存异，和睦共处，互相促进，才能形成丰富多彩的世界。正如江泽民同志指出："没有多样化，就不成其为世界；没有多样化，也不成其为联合国。"③不承认、不尊重世界的多样性，竭力把自己的社会制度、意识形态和发展模式强加于人，企图建立清一色的一统天下，是注定要失败的。

当前，超级大国甩开联合国，推行"先发制人"和"单边主义"战略，使本来就不平静的世界带来了新的变数；传统安全和非传统安全相互交织，呈多元化、复杂化、全球化趋势；联合国重维和轻发展，机构重叠、人员庞杂、文山会海和经费紧张等问题的存在，使联合国面临着前所未有的挑战。因此，联合

---

① 《邓小平文选》第3卷，人民出版社1993年版，第79页。

② 《江泽民论有中国特色社会主义》(专题摘编)，中央文献出版社2002年版，第543页。

③ 《江泽民论有中国特色社会主义》(专题摘编)，中央文献出版社2002年版，第539页。

国也应与时俱进，进行必要和合理的改革。为此，江泽民同志就联合国改革问题，在很多场合发表了讲话，例如，1995 年 10 月《在联合国成立五十周年大会上的讲话》和在美国发表《让我们共同缔造一个更美好的世界》的讲话、2001 年 9 月《在联合国千年首脑会议上的讲话》等。在这些讲话中，江泽民同志完整系统地阐述了我国政府关于联合国改革的指导思想。他认为，"联合国的改革应该充分体现广大会员国的共同意志，特别要充分考虑广大发展中国家的合理要求和根本利益"。① 具体而言：联合国的改革必须体现国际关系的现状，优先考虑发展中国家的代表性不足的问题，同时应增加其工作的透明度，提高工作效率；联合国创始者们五十年前所确立的宗旨和原则经实践证明仍然有效，各国应严格照章办事；加强大会权威并改进其工作方法，使大会更具有活力；对全球化进行引导，将发展作为联合国的优先任务；改革是一个复杂渐进的过程，能做到的应立即做起来，取得实质性进展。有难度的应实事求是地加以逐步解决等。总之，面临新形势、新任务和新挑战，要建立一个和平、民主、公正、合理的世界秩序，联合国的作用不能削弱，只能加强，这有赖于世界各国的共同意志和努力。

　　党的第三代领导集体关于加强联合国作用的思想，受到了广大发展中国家的普遍赞赏，也得到了不少发达国家的认同，尽管任重而道远，中国将一如既往地和世界各国一道，为确保联合国向健康方向发展，作出自己不懈的努力。

---

　　①　江泽民：《在联合国千年首脑会议上的讲话》，《人民日报》2001 年 9 月 8 日。